tirage à 1000 ex

NOTES ET DOCUMENTS

RELATIFS A LA

CONCESSION DES CHEMINS DE FER

DE

CAMBRAI A DOUAI
ORCHIES A DOUAI — AUBIGNY-AU-BAC
A SOMAIN ET ABSCON

PARIS

IMPRIMERIE ET LIBRAIRIE JULES BOYER ET Cie

11, RUE NEUVE-SAINT-AUGUSTIN, 11

1874

NOTES ET DOCUMENTS

RELATIFS A LA

CONCESSION DES CHEMINS DE FER

DE

CAMBRAI A DOUAI

ORCHIES A DOUAI — AUBIGNY-AU-BAC

A SOMAIN ET ABSCON

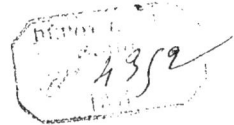

PARIS

IMPRIMERIE ET LIBRAIRIE JULES BOYER ET Cie

11, RUE NEUVE-SAINT-AUGUSTIN, 11

—

1874

TABLE

NOTES ET DOCUMENTS

CONCESSION DES CHEMINS DE FER

DE

CAMBRAI A DOUAI
ORCHIES A DOUAI — AUBIGNY-AU-BAC
A SOMAIN ET ABSCON

Le 27 janvier 1874, le gouvernement présentait à la ratification de l'Assemblée nationale, une convention intervenue entre le Président de la République, M. le ministre des Travaux publics et la Compagnie des chemins de fer de Picardie et Flandres, pour la concession des chemins de fer de Cambrai à Douai, Orchies à Douai, Aubigny-au-Bac à Somain et Abscon (*Voir page* 8).

Le 26 novembre 1873, les députés du département du Nord, usant de leur initiative parlementaire, avaient déposé sur le bureau de l'Assemblée nationale, une proposition de loi, ayant pour but la déclaration d'utilité publique et la concession à titre d'intérêt général, des lignes de chemins de fer de Cambrai à Douai et Orchies, d'Aubigny-au-Bac à Somain et Abscon, à la Compagnie de Picardie et Flandres, qui en avait fait la demande, à ce titre, en 1870, et en avait obtenu la concession, à titre d'intérêt local en 1871 (*Voir page* 17).

Enfin, à la fin de février 1874, des députés du Pas-de-Calais, de la Somme, de l'Oise et de Seine-et-Oise ont rédigé, sous la qualification « d'amendement » à la demande de ratification faite par le gouvernement, un contre-projet, qui en dehors de tout précédent parlementaire, tend à faire concéder à la Compagnie du Nord, les lignes déjà concédées à la Compagnie de Picardie et Flandres, sous réserve de la ratification de l'Assemblée nationale (*Voir page* 28).

L'Assemblée nationale se trouve donc saisie de cette double question :

I. *Y a-t-il lieu de ratifier la convention intervenue entre le gouvernement et la Compagnie de Picardie et Flandres ?*

II. *Y a-t-il lieu, sans tenir compte des droits acquis, des vœux des populations, des délibérations des Conseils généraux, des Chambres de commerce, des Conseils municipaux, etc., de concéder les lignes de Cambrai à Douai et Orchies et d'Aubigny-au-Bac à Somain et Abscon à la Compagnie des chemins de fer du Nord ?*

I.

Y a-t il lieu de ratifier la convention intervenue entre le gouvernement et la Compagnie de Picardie et Flandres?

OUI !

1°. — Parce que les lignes de Cambrai à Douai et Orchies, d'Aubigny-au-Bac à Somain et Abscon ont été demandées en concession, à titre d'intérêt général, en mars 1870, par la Compagnie de Picardie et Flandres, ce qui constitue un droit de priorité en sa faveur (1) (*Voir pages* 11, 22, 32, 33, 36 et 52).

---

(1) MINISTÈRE
DES
TRAVAUX PUBLICS

DIRECTION GÉNÉRALE
DES PONTS ET CHAUSSÉES
et des
CHEMINS DE FER

CHEMINS DE FER

DIVISION DES ÉTUDES ET TRAVAUX

1er *BUREAU*

Demande de concession d'un chemin de fer d'Epéhy à la frontière, dans la direction de Tournay.

Paris, le 12 Avril 1870.

Monsieur, vous m'avez fait l'honneur de m'adresser, de concert avec MM. Débrousse et Baroche, une demande tendant à obtenir la concession, sans subvention ni garantie d'intérêt, d'un chemin de fer qui, partant de la limite des départements du Nord et de la Somme, près Epéhy, passerait par ou près Marcoing, Marquise et Arleu, Douai et Orchies, et aboutirait à la frontière de Belgique, dans la direction de Tournay.

En vous accusant réception de cette demande, j'ai l'honneur de vous faire savoir, Monsieur, que je suis disposé à soumettre à l'enquête d'utilité publique la partie de ce chemin de fer comprise entre Epéhy et Douai, partie qui n'a pas été soumise encore à cette formalité. Je vous prie, en conséquence, de vouloir bien m'adresser un avant-projet de ce chemin comprenant un plan d'ensemble, un profil en long, un détail estimatif, et un mémoire descriptif et justificatif. Cet avant-projet ne paraissant pas sortir des limites du département du Nord, devra être produit en autant d'exemplaires qu'il y aura d'arrondissements traversés, non compris l'exemplaire qui sera déposé au chef-lieu du département.

Dès que ces exemplaires me seront parvenus, j'adresserai à M. le Préfet du département du Nord des instructions pour l'ouverture de cette enquête.

Il est bien entendu, d'ailleurs, que ce ne sera qu'ultérieurement et que d'après les résultats de cette enquête qu'il pourra être statué sur la question d'établissement du chemin dans les conditions que vous indiquez.

Recevez, Monsieur, l'assurance de ma considération très-distinguée.

Le Ministre des Travaux publics,

Signé : Marquis DE TALHOUET.

A *Monsieur de SAINT-PAUL, président du Conseil d'Administration de la Compagnie des Chemins de fer de Picardie et Flandres,* 3, rue Saint-Arnaud.

2o. — Parce que le Conseil général du Nord, ayant classé, sans qu'il y ait eu réclamation de la part de l'État, les lignes susmentionnées dans son réseau d'intérêt local, ces lignes furent mises en adjudication, la Compagnie du Nord fut invitée à se présenter comme soumissionnaire et s'abstint. C'est à la suite de cette adjudication, que la Compagnie de Picardie et Flandres fut déclarée concessionnaire (*Voir pages* 11, 18, 19, 26, 32, 34, 36, 40, 47 et 52).

3o. — Parce qu'il fut procédé aux enquêtes d'utilité publique, sans que la Compagnie du Nord fît entendre la moindre protestation (*Voir pages* 9 et 11).

4° Parce que les droits de la Compagnie de Picardie et Flandres, sont si certains, que le Conseil général des ponts et chaussées (1) les Ministres, de l'Intérieur (2) et des Travaux publics (3), la Section des Travaux publics au Conseil d'État, ont, bien que différant sur le caractère des lignes, été unanimement d'avis que la Compagnie de Picardie et Flandres devait en être déclarée concessionnaire (*Voir pages* 9, 10, 11, 20, 29 et 32).

5° Parce que la Compagnie du Nord n'a fait valoir des prétentions qu'à la dernière heure, par l'intermédiaire d'un conseiller d'État, en séance générale, alors qu'il s'agissait seulement de statuer sur le caractère d'intérêt général ou d'intérêt local des lignes, et que le Conseil d'État, malgré ses préférences bien connues pour les grandes compagnies, ne s'est pas prononcé en sa faveur (*Voir pages* 11, 18, 19, 29, 32 et 36).

6° Parce que les populations du département du Nord sont unanimes à demander que la concession soit attribuée à la Compagnie de Picardie et Flandres. Elles ont, en mainte occasion, manifesté leurs intentions à ce sujet, soit par l'envoi de délégations, soit par les votes de leurs Conseils électifs (*Voir pages* 12, 21, 29, 32, 36, 39, 41, 46, 47, 50, 51 et 55).

7° Parce que les lignes de Cambrai à Douai et Orchies, d'Aubigny-au-Bac à Somain et Abscon sont indispensables à la Compagnie de Picardie et Flandres, à laquelle elles ouvrent un débouché; qu'elles ne sont nullement destinées à porter atteinte au réseau du Nord, puisqu'elles viennent se souder sur ce réseau et lui servir d'affluent (*Voir pages* 12, 21, 37, 46, 49 et 53).

8° Parce que la Compagnie de Picardie et Flandres exécute les lignes sans subvention et sans garantie d'intérêt, et que la Compagnie du Nord, à moins de remanier ses statuts et d'augmenter son capital - actions, ne saurait les

---

(1) 22 juin 1872.
(2) 30 janvier 1872.
(3) Septembre 1872.

exécuter aux mêmes conditions. Peut-elle former son capital à l'aide d'obligations garanties? — Non! — Elle doit donc créer un titre nouveau ayant pour gage des actions nouvelles, ce qui jetterait un trouble considérable dans les transactions financières établies sur les valeurs de la Compagnie du Nord (*Voir pages* 16 et 30).

9° Parce que la Compagnie de Picardie et Flandres offre à l'État des avantages réels, en lui laissant le quart des recettes au-dessus de 26,000 francs de recettes kilométriques *brutes*. La Compagnie du Nord n'offre le partage qu'après des recettes *nettes* de 13,000 francs. Les frais d'exploitation étant de 60 °/₀ d'après les comptes du Nord, le partage n'aurait lieu qu'au-dessus de recettes de 33,000 francs par kilomètre (*Voir pages* 16, 30 et 54).

II.

Y a-t-il lieu sans tenir compte des droits acquis, des vœux des populations, des délibérations des Conseils généraux, des Chambres de commerce, des Conseils municipaux, etc., de concéder les lignes de Cambrai à Douai et Orchies, Aubigny-au-Bac à Somain et Abscon à la Compagnie des Chemins de fer du Nord?

NON !

1° Parce que la Compagnie du Nord, n'a aucun droit à cette concession, qu'elle ne l'a pas demandée alors qu'elle lui était offerte par le Président du Bureau des Travaux publics du Conseil général du Nord, et qu'elle ne s'est mise sur les rangs que le jour où il y a eu un concessionnaire, dans le seul but de l'entraver (*Voir pages,* 11, 18, 19, 26, 29, 33, 34, 37, 40 et 47).

2° Parce que le seul titre produit par elle est une promesse de M. Desseilligny, alors Ministre des Travaux publics, promesse qui fut unanimement désavouée par le Conseil des ministres (*Voir pages* 28 et 29).

3° Parce que ne pouvant fournir des raisons tirées du bon droit, elle essaie, auprès de l'Assemblée Nationale, d'un stratagème qui n'a pas réussi devant le Conseil général du Nord. Elle cherche, n'ayant pas de droit de son côté, à proposer des avantages, d'ailleurs imaginaires (*Voir page* 29).

4° — Parce qu'alors que la Compagnie du Nord promet le partage des produits des lignes à concéder au delà d'un revenu net de 13,000 fr. par kilomètre, elle fait une promesse vaine et illusoire. En effet, elle évalue son exploitation à 60 0/0 environ du produit brut, il ne reste que 40 0/0 pour le produit net. Il faut donc un revenu kilométrique de 32,500 fr. pour atteindre 13,000 fr. Il est presque certain que les lignes en question n'arriveront jamais à ce chiffre de recette.

5° — Parce qu'en abandonnant le montant des dommages qu'elle a subis pendant la guerre, et qu'elle évalue à 2,207,000 fr., elle abandonne une somme établie par elle, nullement acceptée par l'État. Créance hypothétique jusqu'à ce qu'un acte authentique du gouvernement ou de la justice l'ait sanctionnée.

6° — Parce qu'en anticipant les six derniers termes des avances qu'elle est tenue de faire pour les chemins de fer d'Arras à Étaples, de Béthune à Abbeville et de la ligne de Saint-Denis à Pontoise à Luzarches, la compagnie du Nord est surtout utile à elle-même. En effet, d'après la convention du 22 mai 1869, le premier terme est échu au 1er mai 1870, le dernier viendra à échéance le 1er novembre 1877. Or, il est stipulé dans l'amendement, qui a les intérêts de la Compagnie du Nord en vue, que les versements à faire en 1874 et 1875 n'excéderont pas 3,625,000 fr., soit une fois et demie le montant des versements à faire conformément à la convention de 1869. Les avances ne porteraient donc que sur les versements de 1876 et de 1877, et se réduiraient à quatre termes au lieu de six. Ces avances d'un an feront-elles achever les travaux trois ans plus tôt? — En outre, en 1875, la Compagnie du Nord aura versé douze termes sur seize, en argent 14,250,000 fr. : plus elle tardera à exploiter ces lignes, et plus longtemps elle perdra l'intérêt de cette somme (855,000 fr. par an).

7° Parce que l'argument tiré de l'unité du réseau est sans valeur, puisque la ligne de Lille à Valenciennes, aboutissant à deux gares du Nord, a été concédée à titre d'intérêt général et est exploitée par une Compagnie particulière. (*Voir page* 37.)

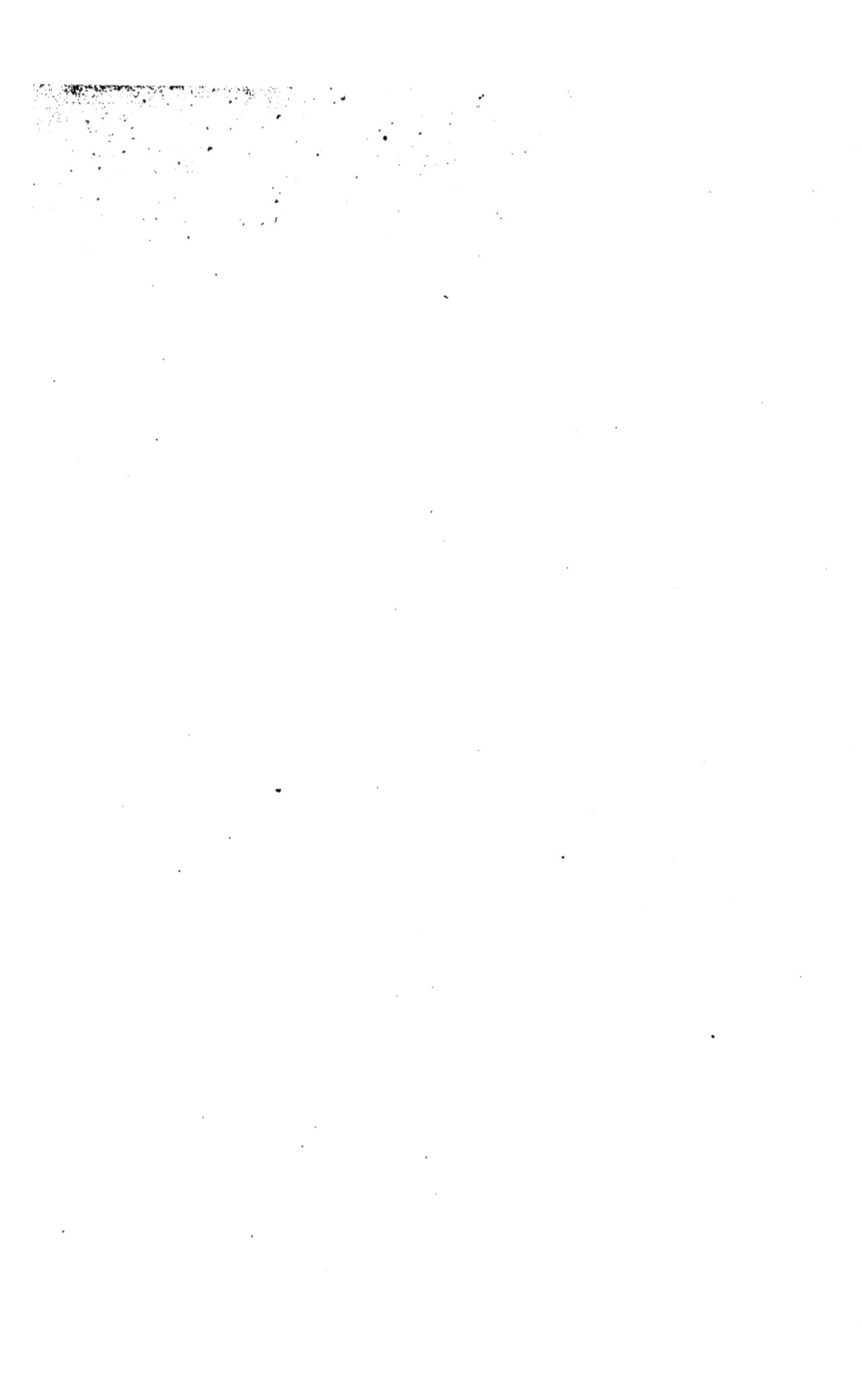

PROJET DE LOI

Ayant pour objet la concession à la Compagnie de Picardie et Flandres des chemins de fer : 1° de Cambrai à Douai ; 2° d'Aubigny-au-Bac à Somain, avec embranchement sur Abscon ; 3° de Douai à Orchies. Présenté par M. le maréchal de Mac-Mahon, duc de Magenta, président de la République française, et par M. de Larcy, ministre des travaux publics.

EXPOSÉ DES MOTIFS

Messieurs, le projet de loi que nous avons l'honneur de soumettre à vos délibérations a pour objet de sanctionner la convention provisoire passée avec la Compagnie de Picardie et Flandres, pour la concession, sans subvention ni garantie d'intérêt des chemins de fer :

1° De Cambrai à Douai ;
2° D'Aubigny-au-Bac à Somain, avec embranchement sur Abscon ;
3° De Douai à Orchies.

La ligne de Cambrai à Douai a déjà été l'objet, à titre de chemin de fer d'intérêt local, d'une instruction complète.

D'après un avant-projet présenté au Conseil général du Nord par la Compagnie de Picardie et Flandres, cette ligne se dirige vers Jaucourt, franchit, près d'Aubigny, le canal de la Seine, qui, après avoir passé près d'Arleux, de Cantus et de Déchy vient aboutir près de Douai, dans la plaine de Son ; sa longueur est de 26 kilomètres,

Dans sa session de 1871, le Conseil général du Nord en a accordé la concession, à titre d'intérêt local, sans subvention, à la Compagnie de Picardie et Flandres, en même temps que celle des lignes d'Epéhi à Cambrai et d'Aubigny-au-Bac à Somain, avec embranchement sur Abscon.

A la suite de l'enquête qui a fait ressortir l'utilité de ce chemin, et conformément à l'avis du Conseil général des ponts et chaussées, en date du 27 juin 1872, adopté par le Ministre de l'Intérieur le 30 juillet suivant, le Ministre des Travaux publics soumit au Conseil d'Etat un projet de décret tendant à déclarer d'utilité publique, comme chemin de fer d'intérêt local, les trois lignes ci-dessus énoncées d'Epehi à Cambrai, de Cambrai à Douai et d'Aubigny-au-Bac à Somain et Abscon.

La section des travaux publics du Conseil d'Etat, puis le Conseil d'Etat en Assemblée générale, saisis successivement de l'examen de cette affaire, ont reconnu que les lignes projetées offraient un caractère incontestable d'utilité publique ; mais ils ont déclaré en même temps que les deux dernières leur paraissaient devoir être rattachées au réseau des chemins de fer d'intérêt général et concédées à ce titre par une loi, et que la ligne d'Epéhi à Cambrai pouvait seule être concédée à titre d'intérêt local.

Cet avis du Conseil d'Etat, en date du 24 octobre 1872, est conçu ainsi qu'il suit, en ce qui touche les chemins de fer de Cambrai à Douai et d'Aubigny-au-Bac à Somain :

2

« Le Conseil,

« Considérant qu'on ne peut faire dépendre exclusivement le caractère de chemin de fer d'intérêt local de l'initiative prise par un Conseil général de département, même en y joignant le concours pécuniaire des localités intéressées;

« Considérant qu'il convient, pour l'utile application de la loi, de s'inspirer avant tout du but qu'elle s'est proposé; que ce but, tel qu'il ressort de la discussion et ainsi que le rappelle la circulaire du Ministre des Travaux publics du 12 août 1865, a été de provoquer l'initiative des départements et des communes pour l'établissement d'une classe de voies ferrées desservant des relations locales, et rattachant successivement aux grandes lignes les divers centres de population placés en dehors de leur action immédiate; que toutes les fois que ce but est atteint, il n'y a pas lieu de tenir compte des conditions dans lesquelles les localités participent aux frais de l'entreprise, et que, en fait, plusieurs concessions accordées par des départements, sans aucune subvention, ont été sanctionnées par des déclarations d'utilité publique;

« Considérant que c'est dans la destination même de chaque chemin de fer projeté et dans sa situation par rapport aux lignes existantes qu'il convient de chercher la portée des services qu'il est appelé à rendre et, par conséquent, le caractère d'intérêt local ou général qu'il peut présenter;

« Que, sous ce rapport, les lignes concédées par le Conseil général du Nord à la Compagnie de Picardie et Flandres se présentent dans des conditions différentes, qui ne permettent pas d'appliquer à ces lignes une décision identique;

« Considérant qu'on ne saurait contester le caractère d'intérêt général à un chemin de fer destiné : 1° en rattachant directement Douai à Cambrai, et en substituant un parcours de 26 kilomètres à celui de 46 kilomètres, auquel sont assujetties, pour le réseau du Nord, les relations de ces deux villes, à rectifier la grande ligne de communication de Lille et des charbonnages du Nord avec Paris et les départements de l'Est; 2° à contribuer, avec le concours de la ligne projetée d'Aubigny-au-Bac à Somain, à l'exportation et à la distribution des produits des mines d'Aniche, de Douai, d'Anzin, etc., et des grands établissements agricoles et industriels de cette riche contrée;

« Considérant, à un autre point de vue, que la ligne de Douai à Cambrai, unissant directement et par le tracé le plus court deux importantes places de guerre, présente, sous le rapport stratégique, un intérêt de premier ordre, qui range naturellement cette ligne dans le réseau qui doit rester dans les mains de l'Etat;

« Que, de son côté, la ligne d'Aubigny-au-Bac à Somain appartient, par sa situation près de la frontière et par sa direction, à la classe des lignes internationales, dont il convient également de conserver à l'Etat la disposition.

« Est d'avis : que les lignes de Douai à Cambrai et d'Aubigny-au-Bac à Somain soient retranchées de la convention passée entre le département du Nord et la Compagnie de Picardie et Flandres, pour être rattachées au réseau des chemins de fer d'intérêt général et concédées, à ce titre, par une loi. »

Le Gouvernement, s'associant à cet avis, s'est borné à concéder à la Compagnie de Picardie et Flandres, par décret du 2 mai 1873, le chemin de fer d'Epéhi à Cambrai, qui forme le prolongement des chemins concédés à la même Compagnie dans les départements de la Somme et de l'Oise, entre Saint-Just et Epéhi, se réservant de concéder, à titre d'intérêt général, les deux lignes de Cambrai à Douai et d'Aubigny-au-Bac à Somain.

Mais lorsqu'il s'est agi de procéder à la concession de ces deux derniers chemins, l'administration s'est trouvée en présence d'une grave difficulté; celle du choix du concessionnaire.

La section des travaux publics du Conseil d'Etat, en émettant l'avis que ces lignes devaient être classées dans le réseau des chemins de fer d'intérêt général et concédées à ce titre, avait proposé d'en accorder la concession à la Compagnie qui l'avait déjà obtenue du département du Nord, c'est-à-dire à la Compagnie de Picardie et Flandres. Mais, lors de la discussion en Assemblée générale, le Conseil d'Etat, saisi d'une demande de concession adressée directement au rapporteur de l'affaire par la Compagnie du Nord, crut devoir s'abstenir d'exprimer une préférence pour l'une ou l'autre des Compagnies soumissionnaires, laissant ainsi au Gouvernement le soin de soumettre à ce sujet une proposition à l'Assemblée nationale.

Dans cette situation, le Gouvernement a dû peser avec une scrupuleuse attention les considérations qui militaient en faveur de chacune des Compagnies concurrentes.

La Compagnie du Nord invoquait, à l'appui de sa demande, cette considération que la ligne de Cambrai à Douai avait pour but principal d'abréger et de faciliter les communications établies jusqu'à ce jour entre ces deux villes par la ligne de Somain ; que, du moment où l'on reconnaissait la nécessité de supprimer ce long détour par la création d'une ligne directe, aussi importante, il convenait de conserver l'unité d'exploitation de la grande voie de communication, dont cette ligne devait former l'une des sections, et de la considérer comme faisant partie intégrante du réseau de la Compagnie du Nord, dont les intérêts seraient gravement compromis par la concession qui en serait faite à une autre Compagnie.

Ces arguments avaient déterminé le Ministre des travaux publics à préparer et à soumettre à la signature des représentants de la Compagnie du Nord, un projet de convention comprenant, entre autres dispositions, la concession à cette Compagnie du chemin de fer de Cambrai à Douai.

Mais le Conseil général du département du Nord s'est vivement élevé contre cette solution et a rappelé avec insistance les faits suivants, qui motivaient à ses yeux la justice de ses réclamations :

Dès les premiers mois de l'année 1870, la Compagnie de Picardie et Flandres demandait au Ministre des Travaux publics la concession, à titre d'intérêt général, des chemins de fer de Cambrai à Douai et de Douai à Orchies, avec prolongement jusqu'à la frontière ; aucune objection ne fut alors opposée à cette demande ; une décision ministérielle du 22 juillet 1870 prescrivit la mise aux enquêtes de ces projets et les événements douloureux qui suivirent empêchèrent seuls d'y donner suite.

En 1871, le conseil général du Nord reprenait l'examen de cette question, dont la solution présentait un haut intérêt pour le département, et, par un vote qui a reçu une entière publicité, il concédait à la compagnie de Picardie et Flandres, ainsi que cela a été dit plus haut, la ligne de Cambrai à Douai en même temps que celle d'Epéhi à Cambrai et d'Aubigny-au-Bac à Somain.

L'enquête qui fut ouverte en 1872 sur ces divers projets appela de nouveau l'attention publique sur les concessions faites à la Compagnie de Picardie et Flandres, sans provoquer de proposition ni même d'observations de la part de la Compagnie du Nord.

Enfin le Conseil général des ponts et chaussées, les Ministres des Travaux publics et de l'Intérieur, et la section des Travaux publics du Conseil d'État, bien qu'ayant différé d'avis sur le caractère à attribuer aux chemins projetés, proposèrent, d'un commun accord, de ratifier le choix du concessionnaire agréé par le Département. et ce n'est que devant l'Assemblée générale du Conseil d'État que la Compagnie du Nord produisit pour la première fois la demande de concession de la ligne de Cambrai à Douai.

Le Conseil général du département conclut de ce long silence que la concession de ce chemin ne saurait avoir pour le réseau du Nord l'importance qui lui est attribuée aujourd'hui. Il fait remarquer, d'ailleurs, que la ligne de Cambrai à Douai forme le prolongement nécessaire du chemin de fer de Saint-Just à Cambrai déjà concédé à la Compagnie de Picardie et Flandres; que, sous ce rapport, la concession qui en a été faite à cette Compagnie par le département, donne une pleine satisfaction à l'intérêt public; enfin que cette concession est pour la Compagnie même non-seulement un puissant élément de prospérité, mais une condition d'existence; que des embranchements isolés, entrepris par des Compagnies particulières, sont nécessairement exploités dans des conditions onéreuses pour les populations comme ces Compagnies elles-mêmes, et qu'en réclamant pour la Compagnie de Picardie et Flandres les chemins qui, dans le département, doivent assurer sa prospérité, le Conseil général défend un intérêt départemental de premier ordre.

Cette même pensée s'est manifestée de nouveau, et avec une grande énergie, dans la proposition de loi présentée à l'Assemblée, le 26 novembre dernier, par MM. les représentants du Nord, et ayant pour objet la confirmation législative des concessions accordées à la Compagnie de Picardie et Flandres par le Conseil général de ce département.

L'unanimité des vœux ainsi exprimés par les organes les plus autorisés des populations du Nord, l'autorité des précédents invoqués par les intéressés, ne pouvaient manquer de fixer l'attention du Gouvernement. Aussi, frappé par les considérations que nous venons de rappeler ; déterminé, d'ailleurs, par des motifs d'équité et de sage administration à respecter, dans tout ce qui n'est pas contraire à l'intérêt public les votes des Conseils généraux de département; considérant enfin que la ligne de Cambrai à Douai, placée, à titre de chemin de fer d'intérêt général, sous la surveillance et le contrôle de l'Etat, répondra par cela même à toutes les nécessités d'ordre public il a cru devoir renoncer à donner suite au projet de convention tendant à accorder à la Compagnie du Nord la concession de ce chemin de fer et vous proposer la nouvelle convention, qui fait l'objet du présent projet de loi.

ARTICLE PREMIER. — *Cambrai à Douai.* — L'article 1er de la convention provisoire soumise à vos délibérations consacre la concession faite à la Compagnie de Picardie et Flandres du chemin de Cambrai à Douai, ainsi que des deux lignes d'Aubigny-au-Bac à Somain, avec embranchement sur Abscon, et de Douai à Orchies, dont il nous reste à vous parler.

Aubigny-au-Bac à Somain et Abscon. — La ligne d'Aubigny-au-Bac à Somain avec embranchement sur Abscon, concédé à la compagnie de Picardie et Flandres par le Conseil général du Nord, dans sa session d'avril 1872, part d'un point pris sur la ligne de Cambrai à Douai à la sortie de la station d'Aubigny, et se dirige vers Somain, où elle aboutit à la ligne du Nord, en avant de la gare, après avoir longé les agglomérations de Fressain, Montchecourt, Auberchicourt et Aniche, où elle coupe à niveau la route nationale n° 43. Sa longueur totale est de 13 kilomètres.

L'embranchement sur Abscon se détache de la ligne précédente à Auberchicourt et se dirige en ligne droite sur Abscon, où il se raccorde avec la ligne de Somain à Anzin concédée à la Compagnie des mines d'Anzin ; sa longueur est de 4 kilomètres.

La direction du tracé ainsi que le caractère d'utilité publique de la ligne projetée n'ont soulevé aucune objection. Toutes les observations présentées dans l'enquête ont porté sur les emplacements des stations ou sur des questions analogues, dont la solution doit être réservée. La Commission d'enquête et les Chambres de commerce ont unanimement conclu à la déclaration d'utilité publique.

On a fait remarquer, en effet, que, dans la région traversée par cette nouvelle ligne, la population est très-dense et l'agriculture fort riche; que la circulation sur les voies de terre présente une extrême activité; que le chemin projeté introduira les produits des établissements industriels et principalement les charbons d'Aniche, d'Abscon, de Denain et d'Anzin dans le quadrilatère exclusivement desservi par la ligne d'Amiens à Tergnier ; que ce chemin possède dès lors les éléments d'un trafic largement suffisant.

Les conférences avec le génie militaire n'ont amené aucun dissentiment. M. le Ministre de la Guerre, a même, par une décision du 27 mai 1872, donné, en ce qui concerne son département, son adhésion directe à l'exécution de cette ligne et de l'embranchement qui s'y rattache.

Le Conseil général des ponts et chaussées, dans son avis précité du 27 juin 1872, en a également reconnu l'utilité publique et a proposé de ratifier la concession faite, à titre d'intérêt local, par le Conseil général du Nord à la Compagnie de Picardie et Flandres.

Enfin, le Conseil d'État, en s'associant à l'avis du Conseil des ponts et chaussées, quant à la déclaration d'utilité publique de la ligne projetée, a cru devoir lui assigner comme il a été dit plus haut, le caractère d'intérêt général. C'est à ce titre que nous proposons d'en accorder la concession.

Douai à Orchies. — La ligne de Douai à Orchies a été concédée par le Conseil général du département du Nord, dans sa session de novembre 1871, à titre de chemin de fer d'intérêt local à la compagnie de Picardie et Flandres, conjointement avec celle de Lille à Valenciennes, suivant un tracé partant d'un point à déterminer à ou près de Douai, soit sur le chemin du Nord, soit sur la ligne de Cambrai à Douai, et aboutissant à la ligne directe de Lille à Valenciennes, à ou près Orchies. Ce chemin présente un développement de 19 kilom.; il a subi les formalités d'enquête prescrites par les règlements et son exécution a été accueillie avec un empressement extrême par les localités intéressées. Les commissions d'enquête et les chambres de commerce, appelées à se prononcer sur un ensemble de lignes parmi lesquelles se trouvait comprise celle qui nous occupe, ont été unanimes pour lui reconnaître un caractère incontestable d'utilité et d'urgence.

Le chemin de Douai à Orchies a été signalé en particulier, comme devant traverser une région très-peuplée, où l'agriculture est très-perfectionnée, et où l'industrie, notamment celle qui tire ses produits de la betterave, est extrêmement développée.

Dans les conférences mixtes, MM. les officiers du génie ont donné leur adhésion au projet, sous la réserve, acceptée par le service civil, que les détails du tracé et des ouvrages d'art, entre Douai et Raches, feraient l'objet d'une conférence ultérieure, lors de la présentation des projets définitifs.

Le conseil général des ponts et chaussées a été d'avis de reconnaître à cette ligne le caractère d'utilité publique, mais de réserver à l'État le droit de la concéder à titre d'intérêt général.

Le conseil d'Etat, dans une délibération du 10 juin 1872, a émis un avis semblable. Il a fait remarquer, à l'appui de cette conclusion, que la ligne de Douai à Orchies, dont la concession a été demandée, en 1870, par la Compagnie de Picardie et Flandres, et, en 1871, par la Compagnie du Nord, est destinée à faire partie plus tard d'une ligne internationale de Douai à la frontière belge, vers Tournay, et qu'on ne saurait admettre l'interposition d'un tronçon de chemin de fer d'intérêt local, formant le prolongement vers une station frontière des lignes d'intérêt général d'Arras à Douai et de Cambrai à Douai.

Le Gouvernement, en proposant la concession de cette ligne, à titre d'intérêt général, se conforme à l'avis parfaitement motivé du Conseil d'Etat et donne en même temps satisfaction aux intérêts et aux vœux légitimes du département du Nord.

Mais il n'a pas pensé qu'il y eût lieu d'accorder cette concession, conjointement, à deux Compagnies différentes. Nous ne croyons pas nécessaire d'insister sur les inconvénients d'une indivision qui, en partageant la responsabilité, pour l'exécution comme pour l'exploitation du chemin de fer projeté, pourrait devenir la source de difficultés, aussi préjudiciables à l'action du contrôle de l'Etat qu'aux droits et aux intérêts du public. L'administration, de concert avec le pouvoir législatif, s'est imposé la règle de n'accorder de concessions de chemins de fer qu'à des Compagnies isolées. La ligne d'Amiens à Rouen est seule aujourd'hui concédée à deux Compagnies: à la Compagnie du Nord, pour les deux tiers, et pour un tiers, à celle de l'Ouest.

Mais en admettant cette exception motivée par des circonstances toutes particulières, l'Administration en a atténué les inconvénients en stipulant qu'une seule Compagnie, celle du Nord, serait chargée de l'exécution des travaux et de l'exploitation dont la responsabilité pèse ainsi sur elle seule. Nous pensons que dans le cas actuel il n'existe pas de motifs suffisants pour justifier une dérogation à la règle générale suivie jusqu'ici, et nous proposons de concéder le chemin de fer de Douai à Orchies à la seule Compagnie de Picardie et Flandres, sauf à apprécier au point de vue de l'intérêt public et à approuver, s'il y a lieu, les accords qui pourraient intervenir ultérieurement entre cette Compagnie et celle de Lille à Valenciennes.

ART. 2. — Par l'art. 2, de la convention provisoire, la Compagnie s'engage à exécuter les Chemins de fer dont nous venons de parler, sans subvention ni garanties d'intérêts, dans le délai de trois ans, à partir de la loi à intervenir.

ART. 3. — L'art. 3 stipule que ces chemins seront régis par le cahier des charges annexé à la convention; ce cahier des charges est conforme à ceux qui régissent les lignes d'intérêt général auxquelles les chemins compris dans la présente loi doivent être assimilés de tous points. Une seule modification y a été introduite à l'art. 61 relatif au chemin de fer d'embranchement; elle a pour objet de stipuler, dans l'intérêt des chemins secondaires qui pourraient venir ultérieurement s'embrancher sur les nouvelles lignes, que le prix du péage sera calculé d'après le nombre de kilomètres réellement parcourus, et non d'après un minimum de 6 kilomètres, comme le prescrit d'une manière générale l'art. 42 du cahier des charges.

Le même article 61 prévoit le cas où le service des Chemins de fer d'embranchement devrait être établi dans les gares appartenant à la Compagnie de Picardie et Flandres, et stipule que la redevance à payer à cette Compagnie sera réglée d'un commun accord entre les deux Compagnies intéressées, et, en cas de dissentiment, par voie d'arbitrage.

En cas de désaccord sur le principe ou l'exercice de l'usage commun de ces gares, il sera statué par le Ministre, les deux Compagnies entendues.

L'ensemble de ces dispositions, conçues dans une pensée de protection pour les intérêts légitimes des petites Compagnies, a été formulé dans le rapport présenté, au nom de votre Commission d'enquête sur les voies de transport, au sujet de la loi relative à la déclaration d'utilité publique et à la concession définitive des chemins de fer concédés à titre éventuel par les conventions de 1868.

ART. 4. — Le partage éventuel entre la Compagnie et l'Etat des bénéfices résultant de l'exploitation des chemins de fer projetés et réglé par l'art. 4 du projet de convention : il est stipulé, dans cet article que, lorsque les produits de l'ensemble de ces chemins excéderont une recette brute moyenne de 26,000 francs par kilomètre, le quart de cet excédant appartiendra à l'Etat.

Le produit net des lignes dont il s'agit devant s'élever approximativement à la moitié de la recette brute, la clause que nous venons de rappeler est équivalente à celle qui figure dans la convention passée avec la Compagnie du Nord pour la concession des chemins de fer de Montsoul à Amiens et de Cambrai vers Dour, et en vertu de laquelle l'Etat doit recevoir la moitié des produits nets excédant une recette nette de 13,000 francs par kilomètre.

ART. 5. — Enfin l'article 5 règle les conditions financières auxquelles doivent être soumis la constitution et l'emploi du capital destiné à l'exécution des chemins de fer concédés par le projet de convention.

Les règles à suivre à cet égard ont été, dans ces derniers temps, l'objet d'appréciations diverses. Tout le monde est d'accord pour reconnaître que l'intérêt du crédit de l'Etat, non moins que celui des Compagnies, commande impérieusement d'apporter la plus grande prudence dans l'émission des obligations de chemins de fer et de prendre toutes les précautions nécessaires pour maintenir intacte la confiance qu'inspire justement au public ce genre de titres, auquel est dû le développement considérable de notre réseau de voie ferrées.

On reconnaît également que la garantie la plus efficace contre les abus que peut engendrer la réalisation par voie d'émission d'obligations, c'est-à-dire par voie d'emprunt, d'une portion du capital destiné à l'exécution des travaux, consiste dans la création préalable d'un capital-actions proportionné à l'importance des emprunts à contracter, et dans le versement et l'emploi en travaux d'une partie déterminée de ce capital, avant qu'aucune émission d'obligations puisse être autorisée.

Mais quelle sera la proportion à établir entre le capital à réaliser par voie d'obligations et le capital-actions, et quelle est la portion de ce dernier capital qui devra être employée en travaux, avant toute émission d'obligations ?

Le Conseil d'État, qui a examiné cette question à plusieurs reprises, avec la plus sérieuse attention, a proposé de décider que le montant des obligations à émettre ne pourrait excéder le chiffre du capital réalisé en actions et que l'émission des obligations ne pourrait être autorisée qu'après que les quatre cinquièmes du capital-actions auront été versés et employés en achats de terrains, en travaux et approvisionnements sur place.

Votre Commission d'enquête sur les voies de transport, saisie de la même question, a jugé que ces conditions dépassaient le but et pouvaient avoir pour conséquence de décourager l'initiative de l'industrie privée et d'arrêter le développement des entreprises de chemins de fer. Elle a, en conséquence, admis que le montant des obligations pourrait atteindre les trois cinquièmes du capital total à réaliser et que leur émission pourrait être autorisée, lorsque les deux cinquièmes du capital-actions auraient été versés et employés en travaux.

Nous nous sommes demandé, Messieurs, s'il n'y aurait pas un moyen-terme à prendre entre les deux avis que nous venons de rappeler.

Nous n'invoquerons pas comme exemple les rigueurs de la législation anglaise, qui exige que le montant des obligations émises ne dépasse pas le tiers du capital en actions ; mais une loi votée par le parlement belge, à la date du 18 mai 1873, porte, dans son article 68, que le montant des obligations émises par une Société anonyme ne peut, en aucun cas, être supérieur au capital social versé. Ce principe que tout emprunt doit être garanti par un capital d'égale valeur nous paraît une règle salutaire, qui n'est empreinte d'aucune exagération.

Quant à la portion du capital social qui devra être versée et employée avant toute émission d'obligations, nous pensons qu'on peut la fixer à la moitié de ce capital, et que cette condition donnera une garantie suffisante du bon emploi des capitaux réalisés par la Compagnie.

Les clauses financières que nous venons d'indiquer ont été acceptées par la Compagnie de Picardie et Flandres et font l'objet de l'article 5 de la Convention.

Telles sont, Messieurs, les dispositions que nous avons l'honneur de soumettre à vos délibérations, en vue d'assurer l'exécution d'une entreprise vivement sollicitée par le département du Nord ; nous espérons que vous voudrez bien y donner votre assentiment.

PROJET DE LOI

ARTICLE PREMIER. — Est déclaré d'utilité publique l'établissement des chemins de fer ci-après :

1° De Cambrai à Douai ;

2° D'Aubigny-au-Bac à Somain, avec embranchement sur Abscon ;

3° De Douai à Orchies.

ART. 2. — Est approuvée la Convention provisoire passée le   1874, entre le Ministre des Travaux publics et la Société anonyme établie à Paris sous la dénomination de Compagnie des Chemins de fer de Picardie et Flandres, ladite Convention portant concession à cette Société des Chemins de fer énoncés à l'article 1er ci-dessus.

ART. 3. — Ladite Convention et le cahier des charges y annexé ne seront passibles que du droit fixe de 3 fr.

Convention avec la Compagnie des Chemins de fer de Picardie et Flandres.

L'an mil huit cent soixante-quatorze et le

Entre le Ministre des Travaux publics, agissant au nom de l'Etat, et sous toutes réserves de l'approbation des présentes par une loi.

D'une part,

Et la Société anonyme établie à Paris, sous la dénomination de Compagnie des Chemins de fer de Picardie et Flandres, ladite Compagnie représentée par M. Gaston de Saint-Paul, Président du Conseil d'administration, élisant domicile au siége de ladite Société et agissant en vertu des pouvoirs qui lui ont été conférés par délibération du Conseil d'Administration en date du   , et sous la réserve de l'approbation de l'Assemblée générale des actionnaires dans le délai d'un an au plus tard;

D'autre part,

Il a été dit et convenu ce qui suit :

ARTICLE PREMIER. — Le Ministre des Travaux publics, au nom de l'Etat, concède à la Compagnie de Picardie et Flandres, qui l'accepte, les Chemins de fer ci-après :

1° De Cambrai à Douai ;
2° D'Aubigny-au Bac à Somain, avec embranchement sur Abscon ;
3° De Douai à Orchies.

ART. 2. — La Compagnie de Picardie et Flandres s'engage à exécuter lesdits Chemins de fer, sans subvention ni garantie d'intérêts, dans le délai de trois ans, à partir de la loi qui approuvera la présente Convention.

ART. 3. — Lesdits Chemins de fer seront régis par le cahier des charges annexé à la présente Convention.

ART. 4. — Lorsque les produits de l'ensemble des chemins concédés en vertu de l'article premier ci-dessus excéderont une recette brute moyenne de 26,000 francs par kilomètre, le quart de cet excédant appartiendra à l'Etat.

ART. 5. — Aucune émission d'obligations ne pourra avoir lieu qu'en vertu d'une autorisation donnée, après avis du Ministre des finances, par le Ministre des Travaux publics.

En aucun cas, il ne pourra être émis d'obligations pour une somme supérieure à la moitié du capital total à réaliser par la Compagnie.

Aucune émission d'obligations ne pourra, d'ailleurs être autorisée, avant que la moitié du capital social ait été versée ou employée en achats de terrains, en travaux, en approvisionnements sur place ou en dépôts de cautionnement.

PROPOSITION DE LOI

Ayant pour objet : 1° *La concession à la Compagnie de Picardie et Flandres des chemins de fer de Cambrai à Douai, d'Aubigny-au-Bac à Somain, avec embranchement sur Abscon (Nord) ;* 2° *La concession à la même Compagnie et à celle de Lille à Valenciennes, conjointement d'un chemin de fer de Douai à Orchies (Nord), présentée par* MM. PLICHON, JULES BRAME, le comte ROGER, MAURICE, DES ROTOURS, DE CORCELLE, BODUIN, ALFRED DUPONT, DEREGNAUCOURT, DE BRIGODE, PAJOT, TESTELIN, DESCAT, DE MARCÈRE. KOLB-BERNARD, CORNE, BOTTIEAU, le comte D'HESPEL, le comte DE MELUN, BEAUCARNE-LEROUX, VENTE, BRABANT, LEURENT, WALLON, DE STAPLANDE, le baron DE LAGRANGE, le comte DE MÉRODE, membres de l'Assemblée nationale.

EXPOSÉ DES MOTIFS

MESSIEURS,

Un grand débat s'est engagé, depuis deux ans, entre le Conseil général du Nord, et la Compagnie du Nord, à l'occasion des chemins de fer d'intérêt local classés et concédés par le département du Nord.

Le Conseil général du Nord, par une résolution unanime, a confié à la députation du Nord la défense de ce grand intérêt départemental, et l'a priée d'assurer l'exécution de ses délibérations par tous les moyens qu'elle jugerait convenables, et de recourir au besoin à son droit d'initiative parlementaire.

Le projet de loi que la députation du Nord a l'honneur de soumettre à vos délibérations, n'est, de sa part, que l'accomplissement de ce mandat.

Il importe de constater toutefois, que depuis que le Conseil général a pris cette délibération, le débat a perdu une partie de son étendue, grâce aux concessions faites par M. le ministre des Travaux publics, et ne porte plus que sur le chemin de fer de Cambrai à Douai.

Quoique restreint à ce chemin, il est toujours important et mérite de fixer l'attention de l'Assemblée nationale, appelée désormais à le terminer. Nous allons en disposer les différents aspects.

Le département du Nord que son activité industrielle, commerciale et agricole, place au premier rang dans le pays, a besoin, pour féconder ses inépuisables ressources et résister à la concurrence anglaise et belge, de multiplier ses voies de communication et spécialement le réseau de ses chemins de fer.

Depuis plus de vingt ans, leur insuffisance provoque les plaintes des populations, et le Conseil général n'a cessé d'attirer sur la nécessité d'y faire droit, l'attention du gouvernement, et celle de la puissante Compagnie qui seule, naguère, desservait cette contrée.

Le bon vouloir de l'Etat ne lui a pas fait défaut; mais il n'en a pas été de même du côté de la Compagnie du Nord dont rien ne pouvait vaincre l'inertie, et qui trop souvent loin d'être un secours, a été un obstacle à la réalisation de ses vœux.

Ainsi, en 1860, sous la pression du Conseil général, le Ministère des Travaux publics demande à la Compagnie du Nord d'exécuter le chemin de fer de Valenciennes à Hirson qui est une ligne stratégique de premier ordre, et qui devait mettre en communication les minerais de l'arrondissement d'Avesnes, et les vastes établissements métallurgiques de la vallée de la Sambre avec le riche bassin houiller

3

d'Anzin. La Compagnie du Nord s'y refuse. Plus tard, en 1862, craignant l'intervention d'une Compagnie nouvelle, elle accepte le chemin, mais elle assigne à son exécution un délai de huit ans qu'elle refuse d'abréger et met dix ans à l'achever.

En 1868, le gouvernement se détermine à accroître le réseau des voies ferrées du pays. Toutes les grandes Compagnies sont conviées à concourir à cette œuvre. Toutes répondent à son appel, la Compagnie du Nord seule exceptée, qui d'abord se refuse à tout. 1,464 kilomètres sont concédés aux grandes Compagnies, 1,796 sont classés pour être entrepris, au besoin, par l'État, sauf à être mis en adjudication plus tard. Seule, la région du Nord, dont les besoins sont les plus grands, n'obtient rien dans la répartition de ces bienfaits.

Cependant, sur de nouvelles instances du Ministère des Travaux publics, la Compagnie du Nord consent enfin à se charger de l'exécution de 257 kilomètres de chemins nouveaux ; le département du Nord ne figure, dans ces nouvelles concessions, que pour 46 kilomètres seulement. Mais la Compagnie du Nord n'accepte ces chemins qu'à la condition qu'on lui donnera, à titre de subvention, les terrains, les travaux d'art et les terrassements, conformément aux dispositions de la loi de 1842 et une garantie d'intérêt de 4 fr. 65 p. c. sur le restant de la dépense.

Cette subvention est jugée excessive par la Commission du Corps législatif chargée d'examiner ce projet de loi.

D'une autre part, les départements du Nord et du Pas-de-Calais protestent contre la parcimonie avec laquelle on les traite, et, par voie d'amendement, ils demandent environ 300 kilomètres de chemins nouveaux.

Sollicité par la Commission législative de céder au moins une partie des populations, la Compagnie du Nord s'y refuse d'une manière absolue.

Les avantages considérables qu'assurait à la Compagnie du Nord ce projet de convention firent surgir une Compagnie nouvelle, qui permit enfin aux départements intéressés de se soustraire aux dures étreintes du monopole qui entravait le développement de leur activité et les livrait sans défense à la concurrence de la Belgique et de l'Angleterre, dont les conditions de production allaient sans cesse s'améliorant, grâce à l'augmentation, chaque jour croissante, de leurs voies ferrées.

Cette Compagnie qui, depuis, est devenue la Compagnie du Nord-Est, propose d'abord d'exécuter, avec la subvention donnée à la Compagnie du Nord, les 257 kilomètres compris dans la convention, et les 300 kilomètres réclamés par les populations. Plus tard, elle en accepta la concession sans subvention, moyennant une simple garantie d'intérêt de 5 0/0 sur un capital maximum d'exécution de 150,000 francs par kilomètre. Cette garantie est partagée entre les départements intéressés et l'État.

En 1869, le Conseil général classe comme chemin d'intérêt local huit lignes. Il en concède directement deux à la Compagnie de Lille à Valenciennes, celles de Saint-Amand à Blanc-Misseron et Saint-Amand à Tournai; il met les autres en adjudication. Au nombre de ces dernières figurent les lignes d'Armentières à Don et de Valenciennes au Cateau.

Le gouvernement retient trois de ces lignes comme chemins d'intérêt général, savoir : les deux lignes concédées directement à la Compagnie de Lille à Valenciennes, et celle de Cambrai à Deur. D'accord avec le gouvernement, le préfet du Nord met les autres en adjudication comme chemins d'intérêt local.

Ces chemins sont les suivants :

Valenciennes au Cateau, Armentières à Don ; — Artres à Denain, Hazebrouck à Orchies ou Templeuve.

La Compagnie du Nord ne se présente pas à l'adjudication. Ces chemins sont adjugés à la Compagnie de Lille à Valenciennes qui les avait soumissionnés.

Dans sa session de 1871, le Conseil général du Nord classe de nouveaux chemins de fer, entre autres les chemins de Cambrai à Douai, — de Douai à Orchies, — de Don à la limite du Pas-de-Calais.

Le président du bureau des travaux publics au Conseil général informe lui-même la Compagnie du Nord de ces classements, et l'invite à se présenter comme soumissionnaire. On l'attend, elle ne vient pas ; le Conseil général concède ces lignes, la première à la Compagnie de Picardie et Flandres, la seconde solidairement aux Compagnies de Picardie et Flandres et de Lille à Valenciennes.

Dans la session d'avril 1872, le conseil général classe encore quelques lignes, entre autres celles d'Aubigny-au-Bac à Somain et à Abscon, qui est concédée à la Compagnie de Picardie et Flandres.

Il est important de faire observer qu'aux termes du cahier des charges annexé à tous les actes des concessions faites par le Conseil général du Nord, les diverses lignes concédées à chaque Compagnie forment un tout indivisible, les lignes exécutées restent la garantie des lignes à faire.

On le voit, à toutes les époques, la Compagnie du Nord se refuse à seconder l'activité de la région si laborieuse qui fait sa richesse. Cependant elle va intervenir, mais moins pour faire que pour empêcher.

Par suite des malheurs du temps, le Conseil d'Etat ne fut saisi qu'à la fin de 1872 de l'examen de ces concessions. Son avis est indispensable, on le sait, pour arriver aux déclarations d'utilité publique.

C'est en ce moment qu'apparaît la Compagnie du Nord. Elle vient réclamer comme ligne d'intérêt général la concession des chemins qu'elle avait refusé de soumissionner ; ces chemins sont en effet ceux de Valenciennes au Cateau, d'Armentières à Don, de Cambrai à Douai, de Douai à Orchies. Son but était évident, en s'emparant des lignes les plus fécondes des réseaux concédés, elle parvenait à empêcher l'exécution des autres. Si elle réussissait, les concessionnaires des départements devaient renoncer à leurs concessions.

Malgré la résistance des concessionnaires et l'active intervention du Conseil général du Nord, qui par ses délégués vint défendre devant le Conseil d'Etat le droit départemental menacé, le Conseil d'Etat assigna le caractère d'intérêt général à ces lignes, quoique le Gouvernement leur eût lui-même antérieurement reconnu le caractère d'intérêt local.

Le Conseil général protesta, avec la plus grande énergie, contre l'avis du Conseil d'Etat. Toutefois, ne voulant pas retarder par de plus longs débats l'exécution de travaux d'une urgence extrême, il consentit à ne plus insister sur la question de principe, mais à la condition que le Gouvernement concéderait au titre d'intérêt général, les chemins auxquels le Conseil d'Etat avait assigné ce caractère aux Compagnies qui, originairement, les avaient reçus du Conseil général, au titre d'intérêt local. Si le droit du département recevait un échec, ses principaux intérêts étaient du moins sauvegardés.

La Compagnie du Nord persévérait dans ses demandes, le Conseil général dans les siennes. A qui les lignes contestées seraient-elles concédées ? A la Compagnie du Nord qui les avait refusées et qui n'avait songé à les demander qu'après qu'elles avaient été données à d'autres ; ou bien aux Compagnies de Lille à Valenciennes et de Picardie et Flandres, qui en avaient été investies par le Conseil général.

Sous l'administration de M. de Fourtou, le Gouvernement était résolu à conserver à la Compagnie de Picardie et Flandres, les chemins que lui avait concédés le département ; il élevait des objections relativement à ceux qu'il avait donnés à la Compagnie de Lille à Valenciennes.

En août dernier, guidé par une pensée de conciliation, M. le Ministre des Travaux publics crut devoir présenter lui-même au Conseil général, au nom de la Compagnie du Nord, des propositions de transaction. Ces propositions n'étaient relatives qu'aux chemins concédés à la Compagnie de Lille à Valenciennes. Le Conseil général ne put les accueillir. Dès qu'il fut informé de sa résolution, M. le Ministre des travaux publics s'empressa de faire savoir, par dépêche télégraphique, au Conseil général, qu'il cessait de se refuser à ses vœux, et que les chemins qu'il avait classés seraient concédés par l'Etat aux Compagnies qui les avaient déjà reçus du département.

Le Conseil général se félicitait de l'accord qui était intervenu entre lui et l'Administration des Travaux publics, convaincu que la dépêche de M. le Ministre se référait à la totalité des lignes concédées par le département, mais il s'était trompé, cette dépêche, dans la pensée de M. le Ministre, contenait une réserve, cette réserve s'appliquait au chemin de Cambrai à Douai, dont, jusqu'alors, la concession par l'Etat à la Compagnie de Picardie et Flandres n'avait jamais soulevé d'objection, et que M. le Ministre des Travaux publics croyait devoir désormais concéder à celle du Nord.

Cette révélation causa une profonde surprise au Conseil général et suscita une grande émotion parmi les populations du Nord, que la Compagnie de Picardie et Flandres était destinée à desservir.

Une délégation du Conseil général, grossie des nombreux groupes industriels intéressés, vint supplier M. le Ministre des Travaux publics et le Gouvernement de ne pas persévérer dans ce projet. Ces démarches n'ont point abouti.

Dans cette situation, l'Assemblée nationale peut seule statuer sur le différend ; les populations n'ont point hésité à invoquer son autorité souveraine.

Dans l'état actuel de la question, M. le Ministre des Travaux publics est d'avis de remettre à la Compagnie de Lille à Valenciennes les chemins primitivement concédés par le Conseil général, auxquels le Conseil d'Etat a depuis assigné le titre d'intérêt général.

Quand aux chemins concédés par le département à la Compagnie de Picardie et Flandres, il consent à conserver à cette dernière l'embranchement d'Aubigny-au-Bac à Somain et à Abscon, et celui de Douai à Orchies, mais il veut concéder à la Compagnie du Nord, le chemin de Cambrai à Douai. Pourquoi cette différence de traitement ? Pourquoi cette préférence en faveur de la Compagnie du Nord ? On en cherche vainement la raison.

Il n'est pas de titres mieux établis que ceux de la Compagnie de Picardie et Flandres à la concession de ce chemin.

Dès le mois de mars 1870, cédant aux instances réitérées de la ville de Cambrai, elle le demandait au Gouvernement à titre d'intérêt général. Concessionnaire d'un chemin de Cambrai à Saint-Just, dans l'Oise, le chemin de Cambrai à Douai en est le prolongement naturel et nécessaire. Ce chemin rétablit entre ces deux villes, par la voie la plus brève, les relations que les combinaisons de la Compagnie du Nord avaient allongées outre mesure il en abrége de près de moitié la distance.

Le Ministre des Travaux publics du temps, M. le marquis de Talhouët, entrant dans les vues de la Compagnie, autorisa les enquêtes réglementaires, un avant-projet fut déposé au Ministère ; l'instruction se poursuivait lorsque la guerre vint en suspendre le cours. Lorsque la paix fut conclue, les instances des populations intéressées à l'exécution de ce chemin se produisirent avec plus de vivacité encore. L'impuissance de la Compagnie du Nord à desservir la masse des intérêts s'était accusée de la manière la plus évidente ; tous les intérêts en avaient été affectés ; et c'est sous le coup de leur pression que le Conseil général, dans sa session du mois de novembre 1871, classa cette ligne au nombre des chemins départementaux.

La Compagnie de Picardie et Flandres vint la réclamer, et fut seule à la réclamer, le Conseil général la lui accorda. Le Gouvernement ne contestant pas à cette ligne le caractère d'intérêt local, l'Administration autorisait les études définitives.

Dans l'instruction relative à la déclaration d'utilité publique, le Conseil des Ponts et Chaussées (27 juin 1872), le Ministre de l'Intérieur (30 janvier 1872), le Ministre des Travaux publics lui-même (septembre 1872), approuvèrent les projets soumis à leur examen et proposèrent de déclarer l'utilité publique de toutes les lignes comprises dans la Convention entre le département du Nord et la Compagnie de Picardie et Flandres, en leur conservant leur caractère d'intérêt local.

La section du Conseil d'Etat chargée d'examiner les projets a pensé, au contraire, que ces lignes devaient être considérées comme d'intérêt général ; mais, en même temps, elle a reconnu qu'il était impossible de dépouiller les concessionnaires du département et elle a émis le vœu que les chemins fussent donnés à la Compagnie de Picardie et Flandres.

Il semblait que ces résolutions ne devaient rencontrer aucune contradiction, lorsque, dans la séance générale du Conseil d'Etat, un membre de cette Assemblée produisit une demande en concurrence de la Compagnie du Nord.

Le Conseil d'Etat déclara l'utilité générale des lignes ainsi revendiquées, et passa sous silence le vœu de sa section relatif au choix du concessionnaire, s'en remettant sur ce point à la décision du Ministre des Travaux publics.

Tels sont les titres que la Compagnie de Picardie et Flandres invoque à l'appui de sa demande en concession.

L'intérêt de l'Etat n'est à aucun degré engagé dans la question. Tout le monde le sait, jamais dans le réseau du Nord la garantie d'intérêt de l'Etat ne saurait devenir effective ; le chemin dont il s'agit n'a qu'une étendue de 24 kilomètres et ne saurait créer une concurrence à l'une des plus grandes lignes nourricières de la Compagnie du Nord ; son riche trafic ne recevra pas le moindre échec si la concession de ce chemin est faite à la Compagnie de Picardie et Flandres. Le cours de ses actions n'en recevra pas la moindre atteinte.

Mais si les intérêts de l'Etat ne sont point engagés dans la question, il n'en est pas de même de ceux du département et des populations à desservir, qui réclament énergiquement la concession de ce chemin en faveur de la Compagnie de Picardie et Flandres.

Son attribution à la Compagnie du Nord aurait pour premier résultat d'empêcher l'exécution de l'embranchement d'Aubigny à Somain, que la Compagnie du Nord n'entend pas soumissionner. Cet embranchement est indispensable pour donner un débouché dans toutes les directions aux charbonnages d'Aniche et d'Azincourt ; le charbonnage d'Azincourt, privé jusqu'à ce jour de toute voie rapide et économique de transport, est aujourd'hui pour le public et pour les concessionnaires une valeur stérile.

L'exécution de ce chemin de fer lui permettrait de développer largement son exploitation et de venir atténuer la crise que la rareté de la houille fait éprouver à nos industries.

L'attribution au Nord de ce chemin aurait pour autre résultat de rompre entre Orchies et Saint-Just l'unité de la ligne. Personne n'ignore ce que les changements de Compagnies entraînent de charges, d'embarras et de pertes de temps pour les marchandises comme pour les voyageurs ; l'industrie et le commerce du Nord veulent les éviter ; ils y sont d'autant plus intéressés que leurs rapports sont considérables avec toute la région desservie par la Compagnie de Picardie et Flandres. Du reste, on ne peut dissimuler que les méfiances des populations à l'endroit de la Compagnie du Nord sont grandes ; elles savent que son intérêt n'est pas de faire le chemin de Cambray à Douai, mais d'empêcher que d'autres ne le fassent.

A leurs yeux, la concession de ce chemin au Nord n'assure pas son exécution, et si jamais il s'exécute, l'expérience les autorise à craindre qu'elles l'attendront longtemps ; elles n'ont pas le temps d'attendre, pourquoi les contraindre gratuitement à subir la Compagnie du Nord ?... Tels sont les intérêts des populations.

Pour le département, il y a en première ligne un intérêt d'honneur, celui d'assurer les chemins qu'il a classés aux Compagnies auxquelles, dans son droit, il les a concédées. Son sentiment de justice ne lui permet pas d'admettre que les Compagnies qui se sont donné toutes les peines et qui ont fait toutes les dépenses, qui ont réuni à grands frais les capitaux, soient dépouillées au profit de la Compagnie du Nord qui a tout refusé, et le département se sent le devoir de les défendre.

A côté de cet intérêt d'honneur, il y a un intérêt positif, celui d'avoir à sa disposition pour entreprendre les Chemins de fer nouveaux que le développement de son industrie ne tardera pas à rendre nécessaires, des Compagnies solides et prospères, autres que celle du Nord, sur laquelle l'expérience lui interdit de compter. Le succès des prétentions de la Compagnie du Nord compromettrait cet immense intérêt. Il est aujourd'hui reconnu que de simples embranchements ruinent presque toujours les Compagnies isolées qui les entreprennent et sont d'une exploitation onéreuse pour les populations, ils ne peuvent être exécutés avec succès que comme accessoires d'une exploitation plus étendue. En réclamant pour la Compagnie de Picardie et Flandres les Chemins qui, dans le département du Nord, doivent assurer sa prospérité, c'est, on le voit, un intérêt départemental de premier ordre que le Conseil général et la Députation du Nord défendent.

Qu'on ne le perde pas de vue, le département du Nord a à supporter en première ligne le choc de la concurrence de l'Angleterre et de la Belgique ; il lui faut l'égalité des armes sans laquelle son industrie et son commerce seraient voués à une ruine certaine. En 1869, la Belgique possédait 1 m. 03 cent. de chemins de fer par hectare et 0 m. 61 cent. par habitant. Depuis, cette proportion s'est considérablement accrue et elle s'accroît tous les jours. Le département du Nord ne possédait, à la même époque, que 0 m. 75 cent. par hectare et 0 m. 36 cent. par habitant. Et cependant la densité de sa population est bien plus considérable que celle de la Belgique.

En résumé, par l'antériorité de sa demande qui remonte à 1870, par les études préparatoires et définitives qu'elle a faites, enfin par la concession qu'elle a reçue du département du Nord, la Compagnie de Picardie et Flandres a tous les titres à l'obtention du Chemin de fer de Cambrai à Douai. La revendication de ce chemin par la Compagnie du Nord qui a refusé de le soumissionner, et dont la prospérité ne saurait recevoir le moindre échec, par sa concession à la Compagnie de Picardie et Flandres, n'est point justifiée. Au point de vue de sa garantie, qui ne saurait devenir effectuée, l'Etat est complètement désintéressé dans la question ; l'intérêt du département du Nord au point de vue de ses relations commerciales et de son avenir industriel y est engagé au premier chef, et demande que la concession de ce Chemin soit faite à la Compagnie de Picardie et Flandres. Sous le bénéfice de ces observations, nous ne doutons pas que l'Assemblée, juge souverain de ce débat, ne donne raison aux intérêts que nous sommes venus défendre devant elle.

L'Etat proposera lui-même de confirmer le choix fait par le département des concessionnaires des lignes de Lens à Armentières et de Valenciennes au Cateau.

Le projet actuel ne vise donc que la concession des lignes de Cambrai à Douai et Douai à Orchies, avec embranchement d'Aubigny-au-Bac sur Somain et sur Abscon.

Les conditions auxquelles elles ont été concédées par le département du Nord ne soulevant aucune objection, non plus que le tracé proposé, il est inutile d'insister sur ces divers points.

Nous avons donc l'honneur de soumettre aux délibérations de l'Assemblée nationale la proposition de loi suivante :

PROJET DE LOI

ARTICLE PREMIER. — Sont déclarés d'utilité publique :

1° L'établissement du chemin de fer de Cambrai à Douai et d'Aubigny-au-Bac à Somain avec embranchement sur Abscon ;

2° L'établissement d'un chemin de fer d'Orchies à Douai.

ART. 2. — Sont approuvées sous les modifications suivantes :

1° La convention passée le   février 1872 entre M. le Préfet du Nord, agissant au nom du département, et la Compagnie de Picardie et Flandres, ladite convention portant concession à cette Compagnie, sans aucune subvention ni garantie d'intérêt, des chemins de fer énoncés à l'article 1er, § 1er ci-dessus ;

2° La convention passée le 6 avril 1872 entre M. le Préfet du Nord, agissant au nom du département, d'une part, et : 1° la Compagnie de Picardie et Flandres, 2° la Compagnie de Lille à Valenciennes, d'autre part ; ladite convention portant concession à ces deux Compagnies conjointement, sans aucune subvention ni garantie d'intérêt, du chemin de fer énoncé en l'article 1er, § 2, ci-dessus.

Art. 3. — Le quart du produit brut de l'exploitation réservé par les conventions ci-dessus au Préfet du département du Nord appartiendra à l'Etat, au-dessus d'une recette kilométrique brute de 26,000 fr.

Art. 4. — A l'expiration du terme de quatre-vingt-dix-neuf ans, les chemins de fer ci-dessus désignés feront retour à l'Etat.

ANNEXES.

Convention avec M. le Préfet du Nord pour la concession de la ligne d'Orchies à Douai du 6 avril 1872.

CONVENTION

Entre M. le Préfet du Nord, agissant au nom du département, conformément à la délibération du Conseil général en date du 14 novembre 1871, et sous réserve du décret déclaratif d'utilité publique à intervenir,

D'une part;

Et : 1° M. Gaston de Saint-Paul, président du Conseil d'Administration de la Compagnie de Picardie et Flandres, agissant au nom de la Compagnie;

2° MM. André Lebon et Victor Despret, respectivement administrateur et directeur de la Compagnie de Lille à Valenciennes, au nom de laquelle ils interviennent aux présentes, les deux Compagnies faisant élection de domicile à Lille, au siége social de la seconde,

D'autre part,

Il a été dit et convenu ce qui suit :

Article premier. — Le Préfet concède pour quatre-vingt-dix-neuf ans à la Compagnie de Picardie et Flandres et à celle de Lille à Valenciennes la construction et l'exploitation d'un chemin de fer d'intérêt local d'Orchies à Douai.

Art. 2. — Les deux Compagnies contractantes s'engagent à exécuter le chemin de fer désigné dans l'article précédent, dans un délai maximum de deux ans, à partir de l'approbation définitive des projets.

Art. 3. — Elles soumettront, dans un délai de six mois, le projet définitif de la ligne concédée. En cas d'inexécution de cette condition, les concessionnaires payeront une indemnité de 220 francs par jour jusqu'au moment où ils y auront satisfait.

Art. 4. — Une indemnité de 440 francs par jour sera payée au département par les Compagnies concessionnaires, si elles n'ont pas terminé les travaux et mis le chemin en exploitation à l'expiration du délai de deux ans.

Art. 5. — En garantie de l'exécution de cet engagement, les Compagnies concessionnaires fourniront un cautionnement de 3,000 francs par kilomètre à exécuter, en numéraire ou en rentes de l'Etat, calculées conformément à l'ordonnance du 18 janvier 1825, ou en bons du Trésor ou autres effets publics, avec transfert au profit de la Caisse des dépôts et consignations de celles de ces valeurs qui seraient nominatives ou à ordre.

Art. 6. — Cette somme sera rendue par cinquième et proportionnellement à l'achèvement des travaux. Le dernier cinquième ne sera remboursé qu'après leur entier achèvement.

Art. 7. — La concession de la ligne ci-dessus désignée est faite sans garantie d'intérêt et moyennant une subvention d'un franc (1 fr.).

Art. 8. — Il est stipulé que le quart du produit brut de l'exploitation appartiendra au département au delà d'une recette kilométrique brute de 25,000 francs.

Art. 9. — Il est interdit aux Compagnies concessionnaires soit de vendre la ligne concédée en tout ou en partie, soit de se fusionner avec une autre Compagnie, soit d'affermer l'exploitation à une autre Compagnie, sans l'autorisation du Conseil général, le tout à peine de déchéance.

ART. 10. — A l'expiration du terme de quatre-vingt-dix-neuf ans, le chemin de fer fera retour au département.

Fait en double, à Lille, le 6 avril 1872.

Enregistré à Lille, le 19 décembre 1872, folio 192, case 7. — Reçu fr. 3-60. Signature illisible.

Les Concessionnaires,

Signé : G. DE SAINT-PAUL,
DESPRET, A. LEBON.

Le Préfet du Nord,

Signé : SÉGUIER.

Pour copie conforme :
Le Président du Conseil d'administration,

G. DE SAINT-PAUL.

Convention avec le Préfet du Nord, pour la concession de la ligne de Cambrai à Douai et celle d'Aubigny-au-Bac à Somain. Février (avril) 1872.

Entre le Préfet du Nord, agissant au nom du département, conformément à la délibération du Conseil général en date du 14 novembre 1871, et sous réserve du décret déclaratif d'utilité publique à intervenir.

D'une part,

Et M. Gaston de Saint-Paul, président du Conseil d'Administration de la Compagnie de Picardie et Flandres, agissant en cette qualité, faisant élection de domicile à Lille.

D'autre part,

Il a été convenu ce qui suit :

ARTICLE PREMIER. — Le Préfet concède pour quatre-vingt-dix-neuf ans, à M. Gaston de Saint-Paul, en sa susdite qualité, la construction et l'exploitation du chemin de fer de Cambrai à Douai et celui d'Aubigny-au-Bac à Somain avec raccordement sur Abscon.

ART. 2. — M. Gaston de Saint-Paul, agissant en sa susdite qualité, s'engage à exécuter le chemin de fer désigné dans l'article précédent, dans un délai maximum de deux ans, à partir de l'approbation définitive des projets d'exécution.

ART. 3. — Il soumettra, dans un délai de six mois, le projet définitif de la ligne concédée. En cas d'inexécution de cette condition le concessionnaire payera une indemnité de 350 francs pour la partie de Cambrai à Douai, et 205 francs pour la section d'Aubigny à Somain, par jour, jusqu'au moment où il y aura satisfait.

ART. 4. — Une indemnité de 700 francs pour la partie de Cambrai à Douai et 410 francs pour la section d'Aubigny à Somain, par jour, sera payée au département par le concessionnaire s'il n'a pas terminé les travaux et mis le chemin en exploitation à l'expiration du délai de deux ans.

ART. 5. — En garantie de l'exécution de cet engagement, le concessionnaire fournira un cautionnement de 3,000 francs par chaque kilomètre à exécuter, en numéraire ou en rentes sur l'Etat, calculé conformément à l'ordonnance du 19 janvier 1825, ou en bons du Trésor ou autres effets publics, avec transfert au profit de la caisse des dépôts et consignations de celles de ces valeurs qui seraient nominatives ou à ordre.

Art. 6. — Cette somme sera rendue par cinquième et proportionnellement à l'achèvement des travaux. Le dernier cinquième ne sera remboursé qu'après leur entier achèvement.

Art. 7. — La concession de la ligne ci-dessus désignée est faite sans garantie d'intérêt et moyennant une subvention d'un franc pour les diverses parties du chemin.

Art. 8. — Il est stipulé que le quart du produit brut de l'exploitation appartiendra au département au delà d'une recette kilométrique brute de 26,000 francs.

Art. 9. — Il est interdit à la Compagnie concessionnaire, soit de vendre la ligne concédée en tout ou en partie, soit de fusionner avec une autre Compagnie, soit d'affermer l'exploitation à une autre Compagnie sans l'autorisation du Conseil général, le tout à peine de déchéance.

Art. 10. — A l'expiration du terme de quatre-vingt-dix-neuf ans, le chemin de fer fera retour au département.

Fait en double, à   le février 1872.

   Le Préfet du Nord,
    Signé : Séguier.   *Le Concessionnaire,*
         Signé : G. de Saint-Paul.

Enregistré à Lille, le 24 décembre 1872, folio 84, c. 1. Reçu 288 fr. 24.
         Signature illisible.

   Pour copie conforme :
  Le Président du Conseil d'Administration,
    G. de Saint-Paul.

Extrait du rapport fait au Conseil général du Nord par le rapporteur du bureau des travaux publics du Conseil général.

 « Le Conseil général du Nord avait fait étudier ces lignes et les avait classées « dans son réseau d'intérêt local. Le gouvernement connut alors ce classement et, « comme il ne contesta que pour partie, on peut dire qu'il l'approuva pour tout le « reste. C'est dans ces conditions et à la suite de ces faits, après toute la publicité et « avec toute la solennité possible, que notre Conseil général a adjugé, dans sa ses- « sion de 1871, les lignes qu'on voudrait aujourd'hui lui ravir.

 « Votre 5e bureau se refuse à penser que l'Etat puisse donner raison à une « pareille prétention. Des Compagnies se sont formées qui se sont livrées à de dis- « pendieuses études qui ont réuni et déplacé des capitaux considérables. Il y aurait « autant peu d'équité, tranchons le mot, il y aurait souveraine injustice à les spolier « de ces lignes qu'elles ont, on peut le dire, inventées et qu'elles se déclarent prêtes « à exécuter promptement.

 « Rien n'empêchait la Compagnie du Nord de prendre les devants et de solliciter « les lignes. Mais elle ne s'avise jamais de la nécessité de demander des lignes nou- « velles que lorsqu'elles ont déjà été concédées à d'autres. Il semble que son programme « soit celui-ci : empêcher de nouvelles lignes de se faire, et lorsqu'elle n'y réussit « pas, empêcher du moins qu'elles soient faites par d'autres que par elle.

 « Mais ce n'est que contrainte et forcée, qu'elle se décide à exécuter, l'intérêt « des populations ne lui est pas un stimulant suffisant, il faut qu'elle ait à craindre « pour son monopole. »

 « La même tendance de retrancher du réseau d'intérêt local pour ajouter au réseau des chemins de fer d'intérêt se manifeste à l'égard des lignes concédées, et le Conseil général ne peut protester avec trop d'énergie contre un système qui aurait pour effet de démembrer tout l'ensemble des chemins de fer locaux, et d'annuler en ce qui les concerne, les prérogatives qui résultent, pour les assemblées départemen- tales, de la loi de 1865.

                  4

« Veuillez ne pas perdre de vue, que les concessions octroyées aux Compagnies du Nord-Central et de Picardie et Flandres remontent à 1871, qu'à cette époque le gouvernement a fait le triage des lignes qui lui ont paru présenter les caractères d'intérêt général et que par le fait de cette élimination des lignes dont il entendait se réserver la libre disposition, il a virtuellement reconnu que les autres appartiennent au domaine dans lequel peut se mouvoir notre droit de concession, que venir aujourd'hui exercer de nouve les reven ications, c'est non-seulement nous priver des lignes qui seraient ainsi soustrait s au domaine départemental, mais encore mettre en péril l'ensemble tout entier, car il y a tout à craindre que les Compagnies concessionnaires ne demandent au département a résiliation des contrats qui les lient le jour où elles n'auraient plus, pour as-urer leur existence, que les lignes les moins productives. »

Ce cas advenant, le Conseil général se trouverait placé, d'une part. en face de ces Compagnies privées d'un droit acquis au prix de sacrifices considérables, de porteurs de titres dont l'émission a été autorisée par l'Etat lui-même et dont le gage aurait disparu; d'autre part, en face de populations mécontentes et profondément lésées...

Pourquoi avoir attendu que les études soient faites, que des capitaux considérables s ient réunis avec l'adhésion du gouvernement lui-même, pour nous retirer des lignes que nous devrions croire définitivement acquises au département?

En 1871, le Conseil général adjurait la Compagnie du Nord de se présenter à l'adjudication, mais elle faisait défaut, et à son refus, le Conseil général concédait un certain nombre de lignes à diverses compagnies.

Il faut bien le reconnaître, le Conseil général du Nord, dans aucun temps, n'a eu l'intention de tenir la Com agnie du Nord à l'écart. Il voulait des lignes, il les demandait au nom de l'intérêt dépa temental ; c'était non-seulement son droit, mais son devoir absolu, et, s'adressant à la puissante Compagnie qui desservait son intérêt général, il lui disait : Oui, vous avez rendu des services, mais ces services sont incomplets; aujourd'hui, il faut que vous interveniez à nouveau, et à votre refus, nous serions obligés de nous adresser ailleurs. — Ce refus de la Compagnie du Nord se traduisit par son abstention, et c'est alors que le département du Nord, usant de toute publicité, fit appel aux Compagnies secondaires qui pouvaient lui répondre :

« Nous sommes en face d'un contrat, nous devons l'exécuter avec une grande bonne foi. Les Compagnies inve-ties, à côté desquelles nous avons placé notre nom, sur le même papier timbré, ont droit à notre sollicitude et à notre protection et nous ne pouvons admettre aucun retranchement. Par conséquent, nous devons demander à l'Etat les décrets d'utilité publique pour l'ensemble de toutes nos lignes. »

Enfin, la délibération du 25 août dernier ci-annexée, prise à l'unanimité et répondant aux dernières prop sitions du Nord, présente une importance capitale qui s'impose d'elle-même. Nous en transcrivons les termes :

« En présence des contr ts qui lient le département du Nord à l'égard des Compagnies en possession des concessions dont elles sont investies à titre d'intérêt local, il n'est pas possib e de donner suite aux propositions faites par la Compagnie du Nord.

« En conséquence, le Conseil général rappelant les conclusions qu'il a prises dans sa dernière session, et les affirmant avec l'autorité de son droit et la non science qu'il n'a fait qu'user d'une prérogative légale, dont le gouvernement a déterminé lui-même les limites, par le retenue des lignes qui lui ont paru à l'origine présenter les caractères d'intérêt général,

« Demande le maintien intégral aux mains qui les retiennent, des concessions qu'il a octroyées et pour le cas où, d'après l'avis du conseil d'État et contrairement à ceux itérativement exprim s par le Conseil général, les Chambres de commerce et le vœu des populations, le gouvernement croirait devoir déférer à la décision de l'Assemblée nationale, la concession de celle de ces lignes auxquelles ledit Conseil d'État a attribué le caractère d'intérêt général, insiste pour que, par tous les motifs déduits dans le cours du présent rapport, les délibérations du Conseil général soient respectées, au moins en ce qui touche la désignation des concessionnaires.

« Considérant que le retard d'une solution définitive et impatiemment attendue depuis trop longtemps, met en péril des intérêts respectables, aussi bien qu'il prive les populations d'une jouissance nécessaire au développement de l'industrie et de l'agricu ture des localités encore privées de voies de communication qui rétablissent l'équilibre rompu de la concurrence industrielle et de la justice distributive ;

« Le Conseil général confie à la députation du Nord le soin d'assurer l'exécution de ses délibérations par tous les moyens qu'elle jugera convenables, et de recourir au besoin à son droit d'initiative pour faire reconnaître qu'il a usé des lois de 1865 et 1871, dans les limites de son droit ;

« Nomme une délégation de huit membres pour se concerter avec la députation du Nord, fortifier autant que de besoin son action, et se co stituer l'organe de la ferme intention du Conseil général, non-seulement de sauvegarder le domaine de ses attributions légales, mais encore, et surtout de défendre la signature départementale apposée au bas des contrats de concessions. »

AMENDEMENT AU PROJET DE LOI

Ayant pour objet la concession à la Compagnie de Picardie et Flandres des chemins de fer : 1° de Cambrai à Douai; 2° d'Aubigny-au-Bac à Somain, avec embranchement sur Abscon ; 3° de Douai à Orchies, présenté par MM. Paris, de Clercq, Wartelle de Retz, Adam (Pas-de-Calais), le comte de Bryas, Martel, le comte de Diesbach, Hamille, le marquis de Partz, le comte Fouler de Relingue, Douai, Levert, de Saint-Malo, Sens, Courbet-Poulard, le général Changarnier, de Rainneville, Goblet, Barni, Magniez, Gaultier de Rumilly, de Beauvillé, de Rambures, Lefèvre-Pontalis (Antonin), Barthélemy-Saint-Hilaire, Labelonye, almon, Scherer, membres de l'Assemblée nationale.

EXPOSÉ DES MOTIFS

Dans la séance du 27 janvier dernier, le gouvernement a déposé sur le bureau de l'Assemblée un projet de loi ayant pour objet la concession à la Compagnie de Picardie et Flandres des chemins de fer: 1° de Cambrai à Douai; 2° d'Aubigny-au-Bac à Somain avec embranchement sur Abscon; 3° de Douai à Orchies. A la demande de M. le Ministre des Travaux publics, ce projet a été renvoyé à la Commission d'enquête sur les chemins de fer. Nous avons l'honneur de proposer à l'Assemblée nationale de concéder à la Compagnie du chemin de fer du Nord les chemins de fer : 1° de Cambrai à Douai et de Douai à la frontière de Belgique par Orchies; 2° d'Aubigny-au-Bac à Somain avec embranchement sur Abscon; 3° d'Abbeville au Tréport et à Eu, aux conditions qui seront ci-après énumérées et qui sont dores et déjà acceptées par la Compagnie du Nord.

La concession qui serait faite à cette Compagnie, tout en respectant le principe des grands réseaux, aurait pour conséquence :

1° De donner au département du Nord les mêmes avantages que ceux qui résulteraient pour lui de l'adoption du projet du Gouvernement;

2° D'assurer aux départements du Pas-de-Calais, de la Somme, de la Seine-Inférieure et de Seine-et-Oise, l'exploitation prochaine de voies ferrées très-importantes;

3° De procurer à l'Etat un bénéfice immédiat de plus de deux millions.

Avant de faire la preuve de cette triple affirmation, il convient d'exposer sommairement le point de fait.

La Compagnie de Flandres et Picardie, qui est en possession des chemins de fer d'intérêt local de Saint-Just à Cambrai, a poursuivi, depuis plusieurs années, l'extension de son réseau de Cambrai à Somain et d'Aubigny-au-Bac à Somain et Abscon. Elle s'est adressée, à cet effet, au Conseil général du Nord qui, regardant ces tronçons comme des chemins d'intérêt local, n'a pas hésité à les lui concéder. (Août 1871 et avril 1872.)

Un examen sérieux de la question fait par la section des travaux publics du Conseil d'Etat démontrera bientôt l'erreur commise par le Conseil général du Nord. Une délibération du 6 octobre 1872 restitua aux lignes dont s'agit, leur caractère évident d'intérêt général et proposa de les retrancher de la convention passée entre le département du Nord et la Compagnie de Picardie et Flandres; en l'absence de tout concurrent, la section des travaux publics émit l'avis qu'elles fussent concédées, par une loi, à la Compagnie postulante.

Cependant le chemin de fer du Nord, qui avait compté sans doute sur l'annulation de la délibération prise par le Conseil général du Nord, contrairement aux pouvoirs conférés à nos assemblées départementales par la loi de 1865, et qui s'était abstenu de toute proposition, s'émut de cet avis, et formula, devant l'Assemblée générale du Conseil d'Etat, une demande en concession. En présence de cet incident, le Conseil d'Etat, modifiant les conclusions de la section des travaux publics quant au choix du concessionnaire, émit l'avis suivant :

« Est d'avis que les lignes de Douai à Cambrai et d'Aubigny-au-Bac à Somain « soient retranchées de la convention passée entre le département du Nord et la « Compagnie de Picardie et Flandres « pour être rattachées au réseau des chemins « de fer d'intérêt général » et concédées à ce titre par une loi. » (24 octobre 1872.)

Quel devait être le concessionnaire? La Compagnie qui exploitait déjà le réseau d'intérêt général? Ou une Compagnie d'intérêt local? Le Nord ou le Picardie et Flandres?

L'honorable M. Desseilligny, alors Ministre des Travaux publics, étudia cette affaire avec un soin particulier, et, se plaçant au-dessus des intérêts des deux Compagnies concurrentes pour n'envisager que la question de principe et le bien de l'État, il convint avec la Compagnie du Nord, en juillet 1873, de lui concéder la ligne de Cambrai à Douai par ou près Aubigny-au-Bac, à la condition expresse que la Compagnie du Nord construirait un chemin de fer d'Abbeville au Tréport, avec embranchement sur Eu, renoncerait à toute répétition au sujet des dommages de guerre, et verserait, par anticipation, les six dernières annuités des avances qu'elle était tenue de faire pour la construction des chemins de fer d'Arras à Etaples et de Béthune à Abbeville. Par une dépêche du 11 septembre 1873, M. le Ministre des Travaux publics confirma l'accord intervenu verbalement et déclara « qu'il comptait soumettre « à l'Assemblée nationale, aussitôt après sa rentrée, un projet de loi destiné à rati- « fier cette convention. »

Sur ces entrefaites, le Conseil général du département du Nord, réuni en session ordinaire, avait persisté dans sa résolution, et demandé que les concessions qu'il avait octroyées fussent maintenues.

Le 26 novembre, nos honorables collègues du département du Nord à qui le Conseil général avait confié le soin d'assurer l'exécution de ses délibérations, soumirent à l'Assemblée une proposition de loi ayant pour objet d'obtenir la confirmation législative des concessions accordées à la Compagnie de Picardie et Flandres.

Le Gouvernement, dès lors, « crut devoir renoncer au projet de convention arrêté avec la Compagnie du Nord. » A une date qui n'est pas précisée, l'honorable M. de Larcy, qui avait remplacé M. Desseilligny au Ministère des Travaux publics, conclut avec M. de Saint-Paul, président de la Compagnie des chemins de fer de Picardie et Flandres, une convention qu'il convertit ensuite en projet de loi.

Si les intérêts de la Compagnie du Nord et de la Compagnie de Picardie et Flandres étaient seuls en jeu, nous resterions étrangers à ce débat ; mais la substitution d'un concessionnaire à un autre compromet, sans profit pour le département du Nord, les intérêts de trois départements voisins, sacrifie les avantages que l'État devait retirer du traité préparé par M. Desseilligny ; dès lors il nous a paru juste que l'Assemblée fût appelée à opter entre les deux projets mis en présence.

Le département du Nord, disons-nous, est désintéressé. Le but qu'il poursuit est la création d'une ligne directe entre Douai et Cambrai ; qu'elle soit exécutée par la Compagnie du Nord ou par celle de Picardie et Flandres, peu importe ; ni l'un ni l'autre des futurs concessionnaires ne demande de subvention ou de garantie d'intérêts. Au point de vue de l'exploitation, le Nord assurément peut se mesurer avec une simple Compagnie d'intérêt local.

Si le Nord obtient la concession qu'il sollicite, les chemins de fer d'Arras à Etaples, et de Béthune à Abbeville seront exécutés en trois ans au lieu de six années fixées par la convention du 22 mai 1869. Le chemin de fer de Luzarches à la ligne de Saint-Denis et Pontoise jouira de la même anticipation. La ligne d'Abbeville au Tréport et à Eu sera entreprise immédiatement et fournira, dès 1877, date fixée pour l'exécution du chemin d'Eu à Dieppe, un débouché direct des charbons des bassins du Nord de la France vers la Normandie. Outre les avantages indirects que l'Etat retirera du développement de la richesse dans ces contrées où l'industrie et l'agriculture ont réalisé tant de progrès, le Trésor bénéficiera immédiatement des sommes dues au Nord pour indemnités de guerre et auxquelles cette Compagnie renoncerait expressément. Tels sont les motifs pour lesquels nous proposons à l'Assemblée nationale d'adopter le projet de loi dont la teneur suit :

PROJET DE LOI

ARTICLE PREMIER. — Sont concédés à la Compagnie du chemin de fer du Nord les chemins de fer ci-après désignés :

1° De Douai à Cambrai et de Douai à la frontière de Belgique par Orchies ;

2° D'Aubigny-au-Bac à Somain, avec embranchement sur Abscon ;

3° D'Abbeville au Tréport, avec embranchement se détachant de la ligne principale en un point à déterminer par l'administration, la Compagnie entendue, et aboutissant à la station d'Eu sur le chemin de fer d'intérêt local d'Abancourt au Tréport.

ART. 2. — Les chemins de fer ci-dessus désignés sont concédés sans subvention ni garantie d'intérêt ; ils seront régis par le même cahier des charges que l'ensemble du réseau de la Compagnie du Nord. Toutefois, pour le chemin d'Abbeville au Tréport, les terrains ne seront acquis et les terrassements et ouvrages d'art ne seront exécutés que pour une voie.

ART. 3. — Lesdits chemins de fer formeront, avec les lignes de Montsoult à Amiens et de Cambrai à la frontière belge vers Dour, comprises dans la convention du 15 juin 1872, un réseau distinct, tant de l'ancien que du nouveau réseau de la Compagnie du Nord. En conséquence, il sera tenu un compte à part des dépenses et des produits de l'exploitation de ces lignes.

Lorsque les produits nets de l'ensemble des cinq lignes ci-dessus mentionnées excéderont un revenu net moyen de treize mille francs (13,000) par kilomètre, l'excédant sera partagé par moitié entre l'État et la Compagnie.

Ce partage s'exercera à partir du 1er janvier qui suivra la mise en exploitation de l'ensemble des cinq lignes ; il sera soumis aux conditions énoncées à l'article 7 de la convention approuvée par la loi du 1er juin 1859.

Le compte des frais d'entretien et d'exploitation et le compte des recettes de chaque exercice seront arrêtés dans les formes prescrites par le décret du 12 août 1868.

ART. 4. — La Compagnie du Nord renoncera à toute répétition contre l'État au sujet des dommages qu'elle a subis par suite de la guerre, et dont le montant a été évalué par elle à deux millions deux cent sept mille francs (2,207,000 fr.), non compris les intérêts et les frais généraux.

ART. 5. — La Compagnie du Nord devra anticiper, sans demander à l'État aucune modification au montant ni aux échéances des annuités de remboursement, les six derniers termes des avances qu'elle est tenue de faire, en vertu de l'article 1er de la convention du 22 mai 1869, pour le chemin de fer d'Arras à Etaples, avec embranchement de Béthune à Abbeville.

La Compagnie devra également anticiper, sans demander à l'État aucune modification au montant ni aux échéances de remboursement, les avances qu'elle est tenue de faire, en vertu de la convention du 22 mai 1869 pour le chemin de Luzarches à la ligne de Saint-Denis à Pontoise.

Les avances anticipées seront, suivant les besoins des travaux, exécutés par l'État, sans que le total des versements à faire par la Compagnie du Nord, pendant chacune des années 1874 et 1875 puisse s'élever à plus de trois millions six cent vingt-cinq mille francs (3,625,000 fr.) par an.

ART. 6. — Les délais d'exécution des chemins de fer énoncés à l'article 1er ci-dessus sont fixés à trois ans, à partir de la promulgation de la loi.

NOTE PRÉSENTÉE

A M. LE PRÉSIDENT DE LA RÉPUBLIQUE ET

A MM. LES MINISTRES

PAR LES DÉLÉGUÉS DE LA DÉPUTATION ET DU CONSEIL GÉNÉRAL DU NORD.

Dès le mois de janvier 1869, le Conseil général du Nord, préoccupé du désir de compléter son réseau, très-insuffisant de lignes ferrées, mettait en adjudication un premier groupe pour lequel la Compagnie des chemins de fer du Nord demandait une subvention minimum de 180,000 francs par kilomètre ; ce premier réseau fut concédé à la Compagnie du Nord-Est.

En mars 1870, la Société de Picardie et Flandres, qui avait à construire et à exploiter une ligne se détachant de Saint-Just et allant à Cambrai, sollicita de M. le Ministre des travaux publics, à titre d'intérêt général, la ligne de Cambrai à Orchies par Douai. M. le marquis de Talhouët, alors ministre, répondit le 12 avril suivant qu'il était disposé à soumettre à l'enquête d'utilité publique la partie de cette ligne qui n'était point encore soumise à cette formalité, demanda qu'il lui fût adressé un avant-projet complet ; les enquêtes furent en conséquence ordonnées, à la requête de la Compagnie et l'avant-projet dressé.

Après la guerre, lorsque les Conseils généraux furent appelés à reprendre leurs travaux, le Conseil général du Nord classa un nouveau groupe de chemins d'intérêt local, parmi lesquels se trouvait la ligne de Cambrai à Orchies par Douai ; sur la communication qui en fut faite à l'administration supérieure, le gouvernement revendiqua dans ce deuxième groupe deux lignes qu'il considérait comme étant d'intérêt général (Saint-Amand à Blanc-Misseron et Tournai, et Cambrai à Dour), laissant ainsi à celle de Cambrai à Orchies par Douai son caractère d'intérêt local.

La Compagnie de Picardie et Flandres, pour conserver et assurer ses droits, demanda alors au département, à titre d'intérêt local, sans subvention ni garantie d'intérêts, cette même ligne de Cambrai à Orchies par Douai, avec embranchements sur Somain et Abscon, qui lui fut en effet concédée dans la session de novembre 1871 sans que la Compagnie du Nord songeât à se présenter, quelque sollicitée qu'elle fût alors.

Dès les premiers mois de 1872, M. le Préfet du Nord signa les conventions relatives à ces lignes ; le 12 août suivant il autorisa, par arrêté, à procéder aux études définitives, et le 1 novembre demanda que le cautionnement provisoire fût définitivement régularisé, ce qui fut fait immédiatement.

C'est en cet état, un an après la concession faite par le département que le Conseil d'Etat (octobre 1872), contrairement aux avis du Conseil général du Nord (27 août 1872, 5 février, 22 avril 1873), du Conseil des ponts et chaussées (27 juin 1872), du Ministre de l'intérieur (30 juillet 1872), du Ministre des travaux publics lui-même qui proposait alors la validation du projet (septembre 1872), émit l'opinion que ces lignes devaient être considérées comme d'intérêt général ; c'est alors, mais alors seulement, que se produisit la demande concurrente de la Compagnie du Nord.

Depuis cette époque, le Conseil général, dans toutes ses sessions successives jusqu'en avril dernier, n'a cessé de maintenir ses droits basés sur les lois de 1865 et de 1871 relatives aux Conseils généraux, sur la reconnaissance que le gouvernement avait implicitement faite que les lignes en question étaient d'intérêt local, puisqu'il n'en avait revendiqué que deux sur le groupe dont elles faisaient partie. Le Conseil général déclarait toutefois que pour éviter un conflit, et désireux avant tout de sauvegarder les intérêts du département il renoncerait à ses droits en cette circonstance, si les concessionnaires choisis par lui restaient ceux du gouvernement, à un titre ou à un autre.

En présence de l'attitude du Conseil général, la Compagnie du Nord se livra à d'active démarches près de M. le Ministre des Travaux publics et présenta finalement des propositions nouvelles qui ont fait l'objet de la lettre de M. le Ministre à M. le Préfet du Nord en date du 31 juillet 1873. A ces propositions le Conseil général répondit par la délibération dont nous avons l'honneur de joindre le texte à la présente Note.

Il nous paraît utile de rappeler succinctement ici quelques extraits des rapports qui ont motivé les résolutions du Conseil général du Nord au sujet de ces questions qui intéressaient à un si haut degré les populations de ce Département.

Séance du 27 Août 1872. — M. Legrand, Rapporteur.

« Le Conseil général du Nord avait fait étudier ces lignes et les avait classées
« dans son réseau d'intérêt local. Le Gouvernement connut alors ce classement et,
« comme il ne le contesta que pour partie, on peut dire qu'il l'approuva pour tout le
« reste....... C'est dans ces conditions et à la suite de ces faits, après toute la publi-
« cité et avec toute la solennité possibles, que notre Conseil général a adjugé dans
« sa session de 1871, les lignes qu'on voudrait aujourd'hui lui ravir. »

« Votre 5ᵉ Bureau se refuse à penser que l'Etat puisse donner raison à une pa-
« reille prétention. Des Compagnies se sont formées qui se sont livrées à de dispen-
« dieuses études, qui ont réuni et déplacé des capitaux considérables. Il y aurait peu
« d'équité, tranchons le mot, il y aurait une souveraine injustice à les spolier de ces
« lignes qu'elles ont on peut le dire, inventées et qu'elles se déclarent prêtes à exé-
« cuter promptement. »

Rien n'empêchait la Compagnie du Nord de prendre les devants et de solliciter ces lignes. Mais elle ne s'avise jamais de la nécessité de demander des lignes nouvelles que lorsqu'elles ont déjà été concédées à d'autres. Il semble que son programme soit celui-ci ; empêcher de nouvelles lignes de se faire et lorsqu'elle n'y réussit pas, empêcher du moins qu'elles soient faites par d'autres que par elle. Mais ce n'est que contrainte et forcée qu'elle se décide à exécuter : l'intérêt des populations ne lui est pas un stimulant suffisant, il faut qu'elle ait à craindre pour son monopole.

Séance du 5 février 1873. — M. Maillet, Rapporteur.

La même tendance de retrancher du réseau d'intérêt local pour ajouter au réseau des chemins de fer d'intérêt général, se manifeste à l'égard des lignes concédées et le Conseil général ne peut protester avec trop d'énergie contre un système qui aurait pour effet de démembrer tout l'ensemble des chemins de fer locaux, et d'annuler, en ce qui les concerne, les prérogatives qui résultent pour les Assemblées départementales de la loi de 1865.

« Veuillez ne pas perdre de vue, que les concessions octroyées aux Compagnies du Nord-Central et de Picardie-Flandres, remontent à 1871; qu'à cette époque le Gouvernement a fait le triage des lignes qui lui ont paru présenter les caractères d'intérêt général, et que par le fait de cette élimination des lignes dont il entendait se

5

réserver la libre disposition, il a virtuellement reconnu que les autres appartiennent au domaine dans lequel peut se mouvoir notre droit de concession ; que venir aujourd'hui exercer de nouvelles revendications, c'est non-seulement nous priver des lignes qui seraient ainsi soustraites au domaine départemental mais encore mettre en péril l'ensemble tout entier, car il y a tout à craindre que les Compagnies concessionnaires ne demandent au département la résiliation des contrats qui les lient, le jour où elle n'auraient plus, pour assurer leur existence , que les lignes les moins productives. Ce cas advenant, le Conseil général se trouverait placé, d'une part, en face de ces Compagnies privées d'un droit acquis au prix de sacrifices considérables, de porteurs de titres dont l'émission a été autorisée par l'Etat lui-même, et dont le gage aurait disparu ; d'autre part, en face de populations mécontentes et profondément lésées. Pourquoi avoir attendu que les études soient faites, que des capitaux considérables soient réunis, avec l'adhésion du Gouvernement lui-même pour nous retirer des lignes que nous devions croire définitivement acquises au département ?

Séance du 22 avril 1873. — M. Maillet, Rapporteur.

En 1871, le Conseil général adjurait la Compagnie du Nord de se présenter à l'adjudication, mais elle faissit défaut. A son refus, le Conseil général concédait un certain nombre de lignes à diverses Compagnies. Il faut bien le reconnaître, le Conseil général du Nord, dans aucun temps n'a eu l'intention de tenir la Compagnie du Nord à l'écart. Il voulait des lignes, il les demandait au nom de l'intérêt départemental, c'était non-seulement son droit, mais son devoir absolu, et s'adressant à la puissante Compagnie qui dessert son intérêt général, il lui disait : « Oui, vous avez « rendu des services, mais ces services sont incomplets, aujourd'hui il faut que vous « interveniez à nouveau, et à votre refus nous serions obligés de nous adresser ailleurs. « Le refus de la Compagnie du Nord se traduisit par son obstention, et c'est alors « que le département du Nord, usant de toute publicité, fit appel aux Compagnies « secondaires qui pouvaient lui répondre. Nous sommes en face d'un contrat, nous devons « l'exécuter avec une grande bonne foi. Les Compagnies que nous avons investies, à « côté desquelles nous avons placé notre nom, sur le même papier timbré, ont droit « à notre sollicitude et à notre protection, et nous ne pouvons admettre aucun retran- « chement. Par conséquent, nous devons demander à l'Etat les décrets d'utilité publique « pour l'ensemble de toutes nos lignes. »

Enfin, la délibération du 25 août dernier ci-annexée, *prise à l'unanimité*, et répondant aux dernières propositions du Nord, présente une importance capitale qui s'impose d'elle même : nous en transcrivons les termes :
« En présence des contrats qui lient le département du Nord à l'égard des Com- « pagnies en possession des concessions dont elles sont investies à titre d'intérêt « local, il n'est pas possible de donner suite aux propositions faites par la Compagnie « du Nord. »
« En conséquence, le Conseil général rappelant les conclusions qu'il a prises « dans sa dernière session, et les affirmant avec l'autorité de son droit et la conscience « qu'il n'a fait qu'user d'une prérogative légale, dont le Gouvernement à déterminé « lui-même les limites par la retenue des lignes qui lui ont paru à l'origine présenter « les caractères d'intérêt général ; »
« Demande le maintien intégral aux mains qui les détiennent des concessions « qu'il a octroyées, et pour le cas où, d'après l'avis du Conseil d'Etat, et contraire- « ment à ceux itérativement exprimés par le Conseil général, les Chambres de Com- « merce et le vœu des populations, le Gouvernement croirait devoir déférer la déci- « sion de l'Assemblée nationale la concession de celles de ces lignes auquel ledit « Conseil d'Etat a attribué le caractère d'intérêt général, insiste pour que, par tous « les motifs déduits dans le cours du présent rapport, les délibérations du Conseil

« général soient respectées au moins en ce qui touche la désignation des concession-
« naires ;

« Considérant que le retard d'une solution définitive et impatiemment attendue
« depuis trop longtemps met en péril des intérêts respectables, aussi bien qu'il prive
« les populations d'une jouissance nécessaire au développement de l'industrie et de
« l'agriculture des localités encore privées de voies de communication qui réta-
« blissent l'équilibre rompu de la concurrence industrielle et de la justice distri-
« butive ; »

« Le Conseil général confie à la députation du Nord le soin d'assurer l'exécution
« de ses délibérations par tous moyens qu'elle jugera convenables, et de recourir au
« besoin à son droit d'initiative pour faire reconnaître qu'il a usé des lois de 1865 et
« 1871 dans les limites strictes de son droit. »

« Nomme une délégation de huit membres pour se concerter avec la députation
« du Nord, fortifier autant que de besoin son action et se constituer l'organe de la
« ferme intention du Conseil général non-seulement de sauvegarder le domaine de
« ses attributions légales, mais encore et surtout de défendre la signature départe-
« mentale apposée au bas des contrats de concession.

Devons-nous chercher ailleurs des arguments en faveur des droits incontestables
de la Compagnie de Picardie et Flandres ? Faut-il rappeler qu'elle vient de mettre en
exploitation 80 kilomètres de son réseau, qu'elle en ouvrira 38 dans quelques mois,
que pour ces sections elle aura dépensé 19 millions, que son capital pour les lignes
nouvelles est souscrit et prêt.

La Compagnie du Nord allègue que ses propres intérêts se trouvent lésés par
une concurrence inattendue ; — en quoi ? — Le réseau Picardie et Flandres est, au
contraire, un affluent qui lui porte plus qu'il ne lui prend, en allant vivifier des
contrées que la puissante Société n'a jamais voulu desservir, et en renonçant d'ailleurs par une convention expresse à se diriger sur Paris.

Sans l'intervention des petites compagnies, aucune des parties du réseau secon-
daire dont est doté le département du Nord ne serait encore entreprise. Sans elles,
il n'est pas moins certain que le département devrait renoncer pour l'avenir à la
création des autres lignes que rendront indispensables les immenses besoins de
l'industrie toujours croissante, et la concurrence de l'industrie belge, sa voisine, si
puissamment outillée sous ce rapport.

La cause de la Compagnie Picardie et Flandres est la cause du département
lui-même, la cause du respect des contrats, de la loyauté des engagements, et elle
doit, dès lors, trouver son appui dans l'équité du Gouvernement.

Le Secrétaire du Conseil général,   *Le Président du 5ᵉ bureau,*
    Rapporteur,   *Vice-Président du Conseil général du Nord,*
        MAILLET.   PLICHON.

24 Septembre 1873.

CONSEIL GÉNÉRAL DU NORD

Séance du 18 Avril 1874

Extrait du rapport de M. Louis LEGRAND (de Valenciennes)

Les lignes de Cambrai à Douai, d'Aubigny-au-Bac à Somain et Abscon, de Douai à Orchies, concédées par vous à titre d'intérêt local, ont été retenues par le Gouvernement pour être concédées comme lignes d'intérêt général. Cédant néanmoins à nos vœux, le Gouvernement consent enfin à les laisser aux concessionnaires primitifs. En conséquence, il a, le 27 janvier 1871, saisi l'Assemblée nationale d'un projet de loi portant concession desdites lignes à la Compagnie de Picardie et Flandres.

Mais le débat n'a point été clos par le dépôt de ce projet de loi. La Compagnie du Nord se propose de le renouveler devant l'Assemblée nationale; elle revendique les lignes dont il s'agit comme devant faire partie de son réseau.

Vous connaissez les raisons qu'elle invoque par les polémiques qu'elle a suscitées dans la presse. Il y a été assez souvent et assez complètement répondu pour qu'il soit complètement inutile de reprendre et d'exposer en règle tous les titres de préférence qui militent en faveur de la Compagnie Picardie et Flandres.

L'orateur constate ici l'antériorité de son droit, il date du mois de mars 1870. La Compagnie demandait alors au Gouvernement, à titre d'intérêt général, la concession de la ligne qu'elle a obtenue du département en novembre 1871, à titre d'intérêt local. Ce n'est qu'à la fin de 1872, dans la séance générale du Conseil d'Etat qu'est apparue pour la première fois une demande concurrente de la Compagnie du Nord. Et qu'on ne vienne point dire qu'invoquer cette raison de priorité, c'est faire de la concession le prix de la course; car la Compagnie du Nord ne s'est pas bornée à ne point se presser de demander la ligne dont il s'agit, elle l'a dédaignée, *elle l'a refusée formellement*.

Elle pouvait se présenter, quand le Conseil a adjugé les lignes d'intérêt local, elle avait été avertie par la publicité; elle avait encore été spécialement invitée par le Président du 5ᵉ bureau; malgré tout cela, *elle ne s'est point présentée*. Là, se trouve la preuve irréfragable du peu de sérieux de son argumentation, quand elle vient soutenir aujourd'hui qu'elle ne peut se passer de la ligne de Cambrai à Orchies. Elle ne l'aurait pas refusée, si elle l'avait considérée comme lui étant nécessaire.

Ce n'est pas à elle que ce chemin est indispensable, c'est à la Compagnie de Picardie et Flandres. La Compagnie du Nord n'a pas besoin de ce nouveau tronçon pour relier ensemble les diverses portions de son réseau.

Elle n'est pas fondée non plus à prétendre que toute ligne de raccourcissement, entre ses lignes existantes, lui revient équitablement et forcément. Elle a le monopole des lignes qui lui ont été concédées; mais il serait exorbitant qu'elle réclamât le monopole de toutes les lignes concédées dans les départements qu'elle traverse. Ce serait la *confiscation en bloc*, au profit d'une seule compagnie, du droit supérieur de l'Etat.

Le principe invoqué par la Compagnie du Nord est, du reste, purement imaginaire, il est contredit par toutes les traditions en matière de concessions.

La ligne de Lille à Valenciennes, bien qu'enfermée à ses deux extrémités dans le réseau de la Compagnie du Nord, n'a-t-elle pas été concédée à une Compagnie autre que celle-ci qui l'avait également dédaignée? La Compagnie du Nord ne peut craindre d'ailleurs que la ligne abrégée entre Cambrai et Douai, ruine la ligne actuellement existante entre ces deux villes. En effet, l'ancienne ligne conserve assez d'éléments de trafic pour rester non-seulement une très-bonne ligne, mais même une des meilleures du réseau du Nord.

Il n'y a rien de téméraire à affirmer cela, de deux tronçons aboutissant à une gare, comme celle de Somain, laquelle, en 1872, a produit 2,745,2ⅎ6 fr. 55 c. et convergeant de Cambrai et de Douai vers la gare non moins importante de Valenciennes.

En n'obtenant pas la ligne de Cambrai à Orchies, la Compagnie du Nord verra sans doute lui échapper une ligne avantageuse, mais elle ne fera que manquer un avantage. Il n'est écrit nulle part que la Compagnie du Nord a un droit préexistant sur toutes les bonnes lignes, droit qu'elle serait toujours admise à revendiquer alors même qu'elle aurait refusé d'en user. D'ailleurs, quoique n'exécutant pas la ligne, la Compagnie du Nord n'en perdrait pas complétement les bénéfices : elle ne veut y voir qu'une concurrence, mais, en réalité, elle y trouverait une large mesure, un affluent nourricier.

La situation est toute différente pour la Compagnie de Picardie et Flandres. Pour elle, la perte de la ligne de Cambrai à Orchies serait plus que la perte d'un avantage. La ligne de Cambrai à Orchies est le prolongement naturel, le débouché nécessaire de la ligne de Saint-Just à Cambrai. Il faut que la Compagnie de Picardie et Flandres puisse venir jusqu'au cœur du département du Nord, aux centres mêmes de production, chercher les marchandises destinées à l'intérieur.

Si elle s'arrête à Cambrai, enfermée à ses deux extrémités dans le réseau de la Compagnie du Nord, comme dans un étau, elle pourra se voir frustrée des transports qui lui reviennent le plus naturellement, par des tarifs de détournement; elle verra les marchandises mêmes, pour qui elle serait la voie la plus courte, préférer les tarifs de la Compagnie du Nord, plus longs kilométriquement, mais rendus plus avantageux par des réductions concurrentielles.

Il n'y a point d'exagération à dire, que, dans ces conditions, la Compagnie de Picardie et Flandres ne pourrait exploiter fructueusement un réseau aussi restreint et aussi dépendant. C'est bien là, du reste, le but que poursuit la Compagnie du Nord.

Comme l'a fort bien dit l'exposé des motifs du projet de loi présenté le 24 novembre 1873 par la députation de ce département, la Compagnie du Nord intervient *moins pour faire* que pour *empêcher*. Toutes ses revendications sont uniquement combinées en vue de créer des coupures dans le réseau des petites Compagnies de façon à les disloquer et à faire d'un ensemble rémunérateur, parce qu'il est cohérent et compact, des tronçons disséminés et, par suite, stériles.

Les bonnes lignes une fois prélevées par le Nord, des solutions de continuité une fois introduites dans nos lignes d'intérêt local, qui voudrait, qui pourrait les exécuter? Ce ne serait point, apparemment, la Compagnie du Nord, et quant aux petites Compagnies, elles y succomberaient. Un tel résultat est-il conforme à l'utilité publique, et l'Etat qui leur a permis de naître, peut-il maintenant leur ordonner de mourir? Veut-il en leur enlevant les moyens de vivre, porter un coup terrible à l'épargne et au crédit public qui ont eu confiance dans ces Compagnies?

Ce n'est point, ajoute en terminant le rapporteur, par animosité contre la Compagnie du Nord que nous nous élevons contre elle; le Conseil géuéral, est-il besoin de le dire? n'est animé contre elle d'aucun parti pris hostile, mais elle a positivement refusé de donner une satisfaction suffisante aux intérêts départementaux qui l'enrichissaient. Aujourd'hui que le Conseil général, forcé de chercher ailleurs, a trouvé des Compagnies pour exécuter les lignes qui lui manquaient, la Compagnie du Nord intervient pour entraver cette exécution. Tout est donc réuni pour nous conseiller la persistance dans les efforts que nous avons faits jusqu'ici. Nous avons la ferme confiance qu'ils seront finalement couronnés de succès, que le Gouvernement défendra avec énergie son projet de concession à la Compagnie de Picardie et Flandres et que l'Assemblée nationale, équitablement inspirée, donnera pleine satisfaction à nos vœux qui sont conformes à l'intérêt du département et à l'intérêt plus général du pays.

CONSEIL GÉNÉRAL DE LA SOMME

Séance du 22 Avril 1874. — Extrait du rapport de M. Vulfran MOLLET

Ligne de Cambrai à Gannes.

Vous avez encore tous présent à l'esprit, Messieurs, que, dans sa session du 30 août 1873, le Conseil général de la Somme, pour mettre fin à un conflit qui avait été soulevé par la Compagnie de Picardie et Flandres, à l'occasion du tracé de Montdidier vers Gannes, avait pris une délibération que vous avez chargé M. le Préfet de transmettre à cette Compagnie, comme la dernière concession que le Conseil général pût lui faire.

Voici les termes de cette délibération :

Le Conseil général autorise le Préfet à approuver le projet autrefois présenté par la Compagie de Picardie et Flandres qui dirige vers Ferrières, le chemin concédé d'Epéhy à la limite de l'Oise, à la condition :

1° Que la Compagnie renoncera absolument à toute subvention sur les kilomètres afférents à la section de Montdidier à Gannes ;

2° Qu'elle accordera à titre de compensation, jusqu'à l'ouverture du chemin d'Amiens à Dijon (partie entre Amiens et Montdidier), un tarif différentiel de Montdidier à Breteuil et au delà, et réciproquement, calculé d'après la base des tarifs en vigueur sur les deux lignes, mais en les appliquant aux longueurs mesurées suivant le tracé de la ligne de Montdidier à Gannes, par Ayencourt.

Demeurant entendu que, le Département n'entrera pas dans le partage des bénéfices pour les kilomètres non-subventionnés.

M. le Préfet transmit ces propositions à la Compagnie qui ne les accepta pas ; mais, à la date du 23 février dernier, M. le Préfet reçut de M. de Saint-Paul, président du Conseil d'administration de la Compagnie de Picardie et Flandres, une lettre qui avait pour objet d'apporter une modification à la clause contenue dans l'art. 9 de la convention intervenue entre le département de la Somme et la Compagnie de Picardie et Flandres.

Paris, le 23 février 1874.

« Monsieur le Préfet,

« Aux termes de l'art. 9 de la convention du 14 janvier 1869, entre le département de la Somme et les concessionnaires de notre ligne, nous sommes tenus, lorsque le revenu brut dépassera le chiffre de 14,000 francs par kilomètre et par an, de remettre au Département le quart de la partie du produit brut excédant ledit chiffre de 14,000 francs proportionnellement au nombre de kilomètres qui auront reçu une subvention du département.

Les premiers résultats de notre exploitation, commencée en septembre dernier, sont tels, que si nous devons nous en tenir à la partie comprise entre Cambrai et Saint-Just, nous devons penser que le département n'aura pas à bénéficier de cette clause.

Nous l'avions compris lorsque, dès 1870, nous nous sommes préoccupés de nous assurer dans le Nord des prolongements capables de nous produire un trafic beaucoup plus satisfaisant. Actuellement un projet de loi du Gouvernement, ratifiant les concessions qui nous ont été faites par le Conseil général du Nord, propose à l'Assemblée nationale de nous confirmer la possession de ces prolongements, et nous espérons que la justice de notre cause la fera adopter sans difficultés.

En cet état, et dans la pensée de témoigner au département de la Somme notre désir de lui donner satisfaction, en assurant une sécurité absolue à ses prévisions budgétaires, nous venons vous proposer une modification à la clause contenue dans l'article 9 de notre convention.

Au lieu d'appeler le département à un partage éventuel, nous nous engagerions à lui assurer d'une manière ferme, à partir du jour où nos prolongements dans le Nord, désignés dans le projet actuel présenté par le Gouvernement, seront en exploitation, c'est-à-dire dans un délai de trois ans, à dater de l'approbation définitive des projets d'exécution, une somme de 1,000 francs par an et par kilomètre subventionné, soit une rente annuelle de 76,000 francs, ce qui donnerait, pour la durée de la concession, un chiffre de près de huit millions de francs au Département.

Le Conseil d'administration de notre Compagnie, qui m'a autorisé à vous présenter cette proposition, vous prie, Monsieur le Préfet, de vouloir bien la soumettre au Conseil général.

Veuillez agréer, Monsieur le Préfet, l'assurance de mes sentiments de haute considération.

Le Président du Conseil d'administration,

Signé : G. de SAINT-PAUL.

Les propositions contenues dans cette lettre étaient subordonnées à l'obtention, par cette Compagnie, des trois prolongements de sa ligne principale au delà de Cambrai; ces prolongements étaient : l'un, la ligne de Cambrai à Douai ; l'autre, d'Aubigny-au-Bac à Somain et à Abscon, et, le troisième, de Douai à Orchies.

Ces trois chemins lui avaient d'abord été concédés, à titre d'intérêt local, par le Conseil général du Nord, avec plusieurs autres petites lignes, qu'il est inutile de dénommer ici.

Mais la Compagnie du Nord, qui avait antérieurement refusé toutes ces concessions, quand elles lui avaient été proposées par le département du Nord, vint faire choix, au milieu de ce réseau, des trois lignes centrales qui lui paraissaient les plus importantes, et elle les demanda au Gouvernement à titre d'intérêt général.

Une convention intervint entre M Desseilligny, alors ministre des Travaux publics, et la Compagnie du Nord. Cette convention avait pour but de concéder à la Compagnie du Nord, non-seulement la ligne de Douai à Cambrai par Aubigny-au-Bac, mais encore celle d'Abbeville au Tréport, par Eu.

Elle fut signée par M. A. de Rothschild, Delebecque et de Saint-Didier, et, le 11 septembre, M. Desseilligny écrivit de Versailles à ces Messieurs pour leur dire qu'il comptait soumettre à l'Assemblée nationale, aussitôt après sa rentrée, un projet de loi destiné à ratifier cette convention.

La Compagnie de Picardie et Flandres s'émut de cette annulation de la concession qu'elle avait obtenue du Conseil général du Nord et qu'elle croyait lui être définitivement acquise.

Les Conseillers généraux du département du Nord se sentirent profondément blessés de ce qu'ils regardaient comme une violation de leurs droits et ils allèrent à Versailles, accompagnés de leurs députés, trouver M. le Ministre des Travaux publics pour protester contre ce projet de convention avec la Compagnie du Nord.

La question fut soumise au Gouvernement, et le Conseil des Ministres, tout entier, annula le projet de convention du mois de septembre, pour le remplacer par un projet de loi qui fut soumis à l'Assemblé nationale le 27 janvier 1874, par M. de Larcy, nouveau Ministre des Travaux publics, et qui avait pour but de déclarer d'utilité publique l'établissement des chemins de fer :

1° de Cambrai à Douai ;
2° d'Aubigny-au-Bac à Somain avec embranchement sur Abscon ;
3° de Douai à Orchies ;

Et d'approuver la convention provisoire passée entre le Ministre des Travaux publics et la Compagnie des chemins de fer de Picardie et Flandres pour la concession, à cette Société, des trois chemins de fer ci-dessus énoncés.

Un grand nombre de députés du Pas-de-Calais, de Seine-et-Oise et de la Somme, ne voyant plus figurer dans le projet de loi du Gouvernement la ligne d'Abbeville au Tréport, que la Compagnie du Nord avait rattachée, on ne sait trop pourquoi, aux lignes du Nord, qui n'ont aucun rapport avec elle, et dont le nouveau Ministre des Travaux publics ne faisait point l'objet d'une nouvelle convention spéciale avec la Compagnie du Nord, craignirent que cette ligne ne fût définitivement abandonnée, et que le prolongement vers la Seine-Inférieure, du chemin de fer de Béthune à Abbeville, qu'ils avaient depuis si longtemps et si ardemment sollicité, fût à tout jamais perdu.

Ils protestèrent contre ce projet de loi, et ils soumirent à la Commission des chemins de fer de l'Assemblée nationale, et à titre d'amendement, un nouveau projet de loi, qui avait pour but de concéder à la Compagnie du chemin de fer du Nord les chemins ci-après :

1° De Cambrai à Douai et de Douai à la frontière de Belgique, par Orchies ;
2° D'Aubigny-au-Bac à Somain, avec embranchement sur Abscon ;
3° D'Abbeville au Tréport, par Eu.

Telle est la situation complexe dans laquelle cette question s'est présentée devant vous.

Votre Commission des chemins de fer a entendu, dans plusieurs de ses séances, M. Léon Say, administrateur délégué de la Compagnie du Nord, et M. de Saint-Paul, Président du Conseil d'Administration de la Compagnie de Picardie et Flandres.

Elle a ensuite entendu M. le Président et plusieurs membres de la Chambre de Commerce d'Abbeville, qui venaient protester en faveur du légitime intérêt qu'ils portent aux populations du Vimeu contre l'abandon d'un chemin de fer si utile à ces laborieuses populations.

Elle a enfin entendu M. Gaulthier de Rumilly, doyen d'âge des députés de la Somme, et qui avait tenu à expliquer au Conseil général les motifs qui l'avaient porté à signer, avec un grand nombre de ses collègues, l'amendement au projet de loi présenté le 27 janvier par le Gouvernement.

M. Gaulthier de Rumilly, en terminant, a déclaré persévérer dans son opinion.

De plus, votre Commission a pris connaissance des pièces ci-après :

1° Réclamation de la ville d'Abbeville, protestant contre le projet de loi du 27 janvier dernier, et contre le projet de concession, à la Compagnie de Picardie et Flandres, du chemin de Cambrai à Douai, et demandant à l'Assemblée nationale d'accorder cette concession à la Compagnie du Nord sur les bases du projet de convention du 11 septembre 1873.

2° Lettre de la Chambre de commerce d'Abbeville, protestant contre le projet de de loi du 27 janvier 1874, concédant, à la Compagnie de Picardie et Flandres, la ligne de Cambrai à Douai, et concluant en faveur de la convention du 11 septembre, qui

6

concède à la Compagnie du Nord, la même ligne et celle d'Abbeville à Eu et au Tréport.

3° Réclamation de la commune de Friville-Escarbotin, protestant contre le projet de loi du 27 janvier dernier, et contre le projet de concession à la Compagnie de Picardie et Flandres du chemin de Cambrai à Douai, et demandant à l'Assemblée nationale d'accorder cette concession à la Compagnie du Nord, sur les bases du projet de convention du 11 septembre 1873.

4° Délibération de la Chambre de commerce de Douai, protestant contre la demande formulée par la délibération de la Chambre de commerce d'Abbeville, et demandant que l'Assemblée nationale, sans s'arrêter à l'amendement présenté par MM. les députés de la Somme et du Pas-de-Calais, accepte le projet de loi présenté par le Gouvernement; et qu'en conséquence, la concession de la ligne de Cambrai à Orchies, avec embranchement d'Aubigny-au-Bac sur Aniche et Somain soit accordée à la Compagnie de Picardie et Flandres.

5° Délibération de la Chambre de commerce d'Amiens, déclarant qu'il y a lieu de maintenir à la Compagnie de Picardie et Flandres, mais au titre d'intérêt général, la concession des lignes :

De Cambrai à Douai;

D'Aubigny-au-Bac à Somain avec embranchement sur Abscon.

Et de Douai à Orchies,

Que cette Compagnie a obtenue déjà, mais au titre d'intérêt local, du Conseil général du département du Nord.

Le tout conformément, d'ailleurs, au projet de loi du 27 janvier 1874, présenté par M. de Larcy.

6° Pétition du Conseil municipal et du Tribunal de commerce de Saint-Valery-sur-Somme adressée à MM. les Ministres des Travaux publics et de la Guerre, demandant que le chemin de fer d'Abbeville à Eu passe par Saint-Valery-sur-Somme.

7° Une publication de la Compagnie du Nord, intitulée : Note sur le chemin de Douai à Cambrai.

Après avoir pris connaissance de toutes ces pièces, et après avoir entendu les représentants officiels des Compagnies, votre commission a voulu bien préciser la situation qui était faite au département de la Somme, par toutes ces compétitions, et elle s'est demandé ce qu'elle devait exiger, pour donner satisfaction à tous les intérêts que le Conseil général est chargé de protéger.

Trois points principaux sont ressortis des discussions longues et approfondies auxquelles elle s'est livrée, presque sans interruption, depuis l'ouverture de cette session.

Le premier point, a-t-il semblé à votre Commission, c'est de donner satisfaction aux populations de l'arrondissement de Montdidier, en obtenant, de la Compagnie de Picardie et Flandres, que celle-ci acceptât, dans son entier, la délibération prise par vous, dans la séance du 30 août 1873.

Votre Commission, après une longue négociation avec M. de Saint-Paul, et de celui-ci avec son comité, a obtenu enfin, dans la séance du 17 avril, satisfaction complète.

M. de Saint-Paul lui a remis la lettre dont je vais avoir l'honneur de vous donner lecture :

« Amiens, le 17 avril 1874.

« MONSIEUR LE PRÉSIDENT,

« Je viens de prendre par écrit, au nom de la Compagnie de Picardie et Flandres que je représente, les engagements oraux que j'ai eu l'honneur de formuler hier devant la Commission des chemins de fer.

« Je consens à accepter les conditions formulées par le Conseil général dans sa dernière session, et je renonce à la subvention kilométrique allouée par le département, entre Montdidier et la limite du département de l'Oise, dans les termes de ladite délibération.

« Je compte trop sur l'esprit d'équité du Conseil général, sur sa sollicitude à défendre les intérêts du département, dont nous sommes les associés, pour n'avoir pas l'espoir qu'il émettra un vœu favorable à la confirmation des concessions qui ont été faites, par le département du Nord, à la Compagnie de Picardie et Flandres, et que le gouvernement demande pour elle à l'Assemblée nationale.

« La Compagnie de Picardie et Flandres n'aura plus alors qu'à s'occuper d'activer ses travaux pour lui permettre d'ouvrir la ligne depuis Montdidier jusqu'à Saint-Just, dans quelques mois, et le complément jusqu'à Cambrai, à la fin de l'année. Les populations et la Compagnie profiteront également de ces avantages et le Conseil général, en terminant une question litigieuse, d'une manière avantageuse aux finances départementales, et en donnant son concours pour le maintien des concessions faites, dans le Nord, à la Compagnie, assurera la prospérité de la ligne et une large compensation aux sacrifices faits par le département de la Somme.

« Veuillez agréer, Monsieur le Président, l'assurance de ma haute considération.

« *Le président du Conseil d'administration de la Compagnie de Picardie et Flandres.*

« Signé : G. DE SAINT-PAUL. »

M. de Saint-Paul, vous le voyez, Messieurs, au nom de sa Compagnie, vient de faire abandon, au profit du département de la Somme, d'une somme de près de trois cent mille francs, qu'il réclamait pour la subvention kilométrique de Montdidier à la limite du département de l'Oise, et il vous promet la mise en exploitation de la ligne de Montdidier à Saint-Just dans quelques mois, et le complément de la ligne jusqu'à Cambrai, à la fin de la présente année.

Les tarifs différentiels stipulés par vous sur le parcours de Montdidier à Breteuil et au delà, et réciproquement sont accordés à nos populations jusqu'à l'ouverture du chemin d'Amiens à Dijon, dans la partie comprise entre Amiens et Montdidier ; et, à ce propos, il croit devoir vous rappeler que la Compagnie de Picardie et Flandres est entrée, pour une grande part, dans la constitution du capital de la Société demanderesse en concession de la ligne d'Amiens à Dijon.

La lettre de M. de Saint-Paul vous donne le droit de vous féliciter d'avoir soutenu, jusqu'à la fin, les justes exigences du département de la Somme.

Quant à la proposition faite par la Compagnie de Picardie et Flandres, le 23 février 1874, de remplacer la part éventuelle kilométrique du département dans les recettes brutes de la Compagnie, par une somme fixe annuelle de 1,000 francs par kilomètre, que la Compagnie de Picardie et Flandres payerait au département de la Somme pendant toute la durée de sa concession, M. de Saint-Paul nous a affirmé que cette proposition n'avait eu pour but que de répondre à une accusation de la Chambre de commerce d'Abbeville, mais qu'il devait loyalement nous déclarer que le Conseil général ne pouvait accepter cette modification à l'article 9 de la convention du 14 janvier 1869, parce que le département y perdrait beaucoup.

Le deuxième point qui est apparu à votre Commission comme une des nécessités de la situation, a été de donner une sécurité complète aux habitants de l'arrondissement d'Abbeville, et plus spécialement encore du Vimeu et d'obtenir la garantie qu'ils auraient le chemin d'Abbeville au Tréport, que la Compagnie du Nord a demandé au titre d'intérêt général le 10 juillet 1872, et qu'elle a depuis lors, pour le besoin de sa cause, et pour le succès de sa compétition vis-à-vis de la Compagnie de Picardie et Flandres, rattaché à sa demande en concession des trois chemins situés dans le département du Nord.

La convention provisoire du mois de septembre 1873 a été signée par M. le Président et deux administrateurs de la Compagnie du Nord.

Elle ne l'a pas été, *et ne pouvait pas l'être*, par M. le Ministre des Travaux publics.

Le Conseil des Ministres, qui seul avait qualité pour transformer cette convention provisoire en projet de loi, ne l'a pas voulu, et il a, au contraire, proposé à l'Assemblée nationale de donner à la Compagnie de Picardie et Flandres, à titre d'intérêt général, les trois chemins situés dans le département du Nord, et que cette dernière Compagnie tenait déjà, à titre d'intérêt local, du Conseil général du Nord.

Chemins au delà de Cambrai

Intérêt financier du département de la Somme.

Le troisième point qui a appelé l'attention de votre Commission est relatif à l'intérêt général du département de la Somme.

Elle s'est demandé si elle avait le droit de sacrifier les intérêts financiers du département, et si elle pouvait abandonner les bénéfices considérables auxquels le département aura droit, en vertu de l'article 9 de la Convention du 14 janvier 1869.

Vous savez tous qu'au delà de 14,000 francs de recette brute, le quart de l'excédant appartient au département de la Somme.

La traversée de notre département par la ligne de Cambrai à Saint-Just est de 76 kilomètres ; si la Compagnie de Picardie et Flandres reste limitée entre les points extrêmes de Cambrai et de Saint-Just, elle fera ses frais, parce qu'elle traverse des contrées riches et laborieuses, mais elle ne dépassera pas les 14,000 francs au delà desquels le département de la Somme entre en partage.

Si, au contraire, cette Compagnie obtient les prolongements qu'elle n'a cessé de demander depuis la première heure de sa constitution ; si, aux produits locaux, elle peut joindre les produits des pays essentiellement producteurs, auxquels aboutissent ses trois prolongements ; oh ! alors, on peut dire, sans crainte d'être démenti par les faits, que la part du département de la Somme sera belle, parce que la Compagnie de Picardie et Flandres pourra joindre à son trafic local, qui lui payera tous ses frais, un immense trafic de transit, qui sera pour elle une source incessante de bénéfices.

Et puis, quand cette Compagnie, encouragée par le succès et contrainte par les nécessités d'un service actif, modifiera et améliorera sa voie ; quand elle pourra abaisser ses rampes et pentes les plus fortes ; quand elle pourra allonger le rayon de ses courbes, elle sera bientôt amenée, par la force des choses, à diminuer ses tarifs, pour développer encore son trafic, pour faire une concurrence utile et sérieuse à la Compagnie du Nord.

Toutes nos populations jouiront simultanément de ces bienfaits, et c'est à vous, Messieurs, qu'elles les devront.

Et tout ceci ne ruinera pas, soyez-en bien certain, la Compagnie du Nord ; mais son zèle se trouvera stimulé, et son activité se développera.

La Compagnie du Nord, M. Say nous l'a dit, cherche par tous les moyens à défendre son capital ; elle a raison, et nous ne pouvons trouver à redire à cela, mais elle ne prend pas, croyons-nous, le meilleur moyen.

La Compagnie du Nord a rendu déjà d'immenses services et elle en rendra encore à la France, et plus spécialement à toute la région qu'elle embrasse.

La puissance financière de la maison Rothschild, mise au service d'une des plus importantes sociétés industrielles de la France, a été un inappréciable bienfait pour l'avenir et la prospérité des chemins de fer en France, et ce fait n'a pas été sans influence sur le crédit de toutes les Compagnies, et peut-être même sur le crédit de l'État.

Mais qu'elle me permette de le lui dire bien modestement ici, au lieu de craindre la concurrence de ces petites Compagnies, elle ferait bien mieux, comme elle l'a fait déjà pour quelques-unes, et comme je suis heureux de le déclarer, de les aider toutes par des rapports conciliants et de bon voisinage ; elle y trouverait d'ailleurs elle-même son profit, parce que à côté de quelques lignes latérales, que la configuration du sol impose quelquefois, et qui lui occasionneraient quelques déchets, elle trouverait, dans les affluents des lignes perpendiculaires à ses grandes voies, une augmentation incessante de trafic, et un excédant continuel de recettes.

Et d'ailleurs, est-ce que le rôle d'une Compagnie aussi puissante que la Compagnie du Nord, et à laquelle on a concédé gratuitement un immense monopole dans la région la plus riche de la France, doit se borner à défendre étroitement l'argent de ses actionnaires, et celui plus important encore de ses obligataires ? Est-ce qu'elle n'est pas tenue de venir successivement et graduellement au secours des populations déshéritées de chemins de fer depuis bientôt trente ans ?

Et si elle ne veut ou ne peut pas tout faire, est-ce qu'elle ne doit pas laisser se créer les petites Compagnies, qui développeront l'industrie au centre même de son immense réseau, dans les contrées qu'elle ne dessert pas ?

La loi de juillet 1865, sur les chemins de fer d'intérêt local, a eu pour seul but de répondre à ce besoin, et le législateur a voulu répondre à l'apathie des anciennes grandes Compagnies par une activité nouvelle, prenant sa source dans l'ardeur des populations délaissées.

Et si vous pouviez, Messieurs, chiffrer les chemins de fer qui se sont faits et les produits qui se sont multipliés depuis 1865, et comparer ces dernières années avec celles antérieures, vous seriez fort étonnés des progrès qui ont été réalisés partout, et de l'augmentation de la richesse qui en a été la conséquence.

Par tous ces motifs, votre Commission des Chemins de fer, à la majorité de huit voix contre deux, et une abstention (M. Villemant), a été d'avis d'émettre un vœu pour que l'Assemblée nationale accorde à la Compagnie de Picardie et Flandres les trois Chemins situés dans le département du Nord, que le Conseil général du Nord lui a concédés à titre d'intérêt local, et que le Gouvernement, par son projet de loi du 27 janvier 1874, propose de lui concéder à titre d'intérêt général.

Deux mots encore sur ce point pour vous rassurer complétement contre les projets de vente attribués à la Compagnie de Picardie et Flandres, articulés d'abord ouvertement par la Chambre de Commerce d'Abbeville, et répétés depuis lors dans les lettres qui nous ont été communiquées.|

La Compagnie de Picardie et Flandres a pris l'engagement, vis-à-vis du département du Nord, de ne point céder sa concession sans un consentement exprès et par écrit du Conseil général du Nord.

Dans la Somme, cette Compagnie est notre associée, puisque nous participons à ses bénéfices ; et il est de droit commun, vous le savez, Messieurs, qu'un associé ne peut vendre sa part, sans le consentement de son coassocié.

Ne nous préoccupons donc plus de toutes ces accusations et insinuations, et marchons droit notre chemin.

DÉLIBÉRATION

de la Chambre consultative des Arts et Manufactures de Cambrai

du 24 Février 1874.

MONSIEUR LE PRÉSIDENT. — Vous savez, Messieurs, qu'un projet est en ce moment soumis à l'Assemblée nationale pour la concession du chemin de fer de Cambrai à Douai par Orchies.

La Chambre de commerce d'Abbeville a, paraît-il, pris récemment une délibération pour demander que le chemin de Cambrai à Douai et Orchies, sollicité par la Compagnie de Picardie et Flandres, soit accordé à la Compagnie du Nord, qui prendrait alors l'engagement d'abréger les délais qui lui sont accordés pour la construction de la ligne d'Arras à Étaples avec embranchement sur Abbeville.

Vous n'ignorez pas, Messieurs, qu'il est de la plus grande importance pour notre arrondissement que le chemin de Cambrai à Douai et Orchies soit concédé à la Compagnie de Picardie et Flandres, ainsi que l'a demandé le Conseil général du département du Nord pour le double motif que cette Compagnie établira une gare indépendante et beaucoup plus rapprochée de la ville, et qu'elle s'engage seule à établir à Aubigny-au-Bac un embranchement sur Somain et Abscon pour raccourcir le parcours et faciliter le transport des charbons à destination de Cambrai et au delà.

N'est-il pas évident qu'il serait peu équitable de faire payer au département du Nord un avantage offert aux départements du Pas-de-Calais et de la Somme.

UN MEMBRE fait remarquer, en outre, qu'il est essentiel de concéder à la Compagnie de Picardie et Flandres le chemin dont il s'agit, attendu qu'il est le prolongement de celui de Gannes à Cambrai, et qu'il est indispensable à cette Compagnie pour établir une concurrence profitable aux intérêts du pays.

LA CHAMBRE, adoptant pleinement les observations qui viennent de lui être soumises,

Émet le vœu :

Que le chemin de fer projeté de Cambrai à Douai et Orchies avec embranchement d'Aubigny-au-Bac sur Somain et Abscon, soit concédé à la Compagnie de Picardie et Flandres, ainsi que l'a, d'ailleurs, formellement demandé le Conseil général du département du Nord.

RAPPORT DE M. ALFRED BILLET

MESSIEURS, la ligne de chemin de fer de Cambrai à Orchies, comprise dans le réseau départemental décidé, en 1869, par le Conseil général du Nord, a été, en 1871, concédé à la Compagnie de Picardie et Flandres, au refus de la Compagnie du Nord qui a été l'objet constant des préférences du Conseil général.

Vous savez les difficultés et les entraves qui, soulevées ou suscitées par la Compagnie du Nord, sont venues, depuis cette époque, s'opposer à la réalisation de la décision du Conseil général et des vœux si pressants et si légitimes de notre arrondissement.

En avril 1873, le Conseil d'État décidait que la ligne qui préoccupait depuis si longtemps l'Assemblée départementale avait un caractère d'intérêt général et, à ce titre, n'avait pu être valablement concédée par cette Assemblée.

Mais en même temps, le Conseil d'Etat reconnaissait l'incontestable utilité de cette ligne et concluait à la nécessité de la concéder à titre de ligne d'intérêt général.

Oubliant ses refus antérieurs, la Compagnie du Nord se mit sur les rangs pour obtenir cette concession et supplanter ainsi la Compagnie de Picardie et Flandres, malgré ses droits acquis et malgré les engagements formels pris à son égard par l'Assemblée départementale.

Une convention fut projetée à ce sujet entre la Compagnie du Nord et M. le Ministre des Travaux publics, mais, grâce aux protestations du Conseil général, aux démarches actives des délégués de ce Conseil et de la députation du Nord, le Gouvernement respectant ainsi quant aux choix des personnes, l'engagement pris par notre Conseil général, a substitué à cette convention celle qu'il a signée récemment avec la Compagnie de Picardie et Flandres, et en raison de laquelle un projet de loi présenté à l'Assemblée nationale, se trouve maintenant soumis à l'examen de la Commission des chemins de fer.

Les choses arrivées à ce point, après tant de traverses, nous permettaient de considérer comme définitivement résolue une question d'un intérêt si capital pour notre arrondissement. Rien ne fait présumer qu'il en doive être autrement ; toutefois la Chambre de Commerce d'Abbeville intervenant d'une manière inattendue dans cette affaire qui concerne notre département, vient de prendre une délibération par laquelle elle demande que les chemins de Cambrai à Orchies soient donnés à la Compagnie du Nord.

La Chambre de Commerce de Douai a le devoir de protester contre cette délibération. Cette intervention d'une Chambre de Commerce du département de la Somme dans une question qui paraît exclusivement intéresser les populations du Nord, est faite pour étonner, mais le motif de cette intervention est plus étonnant encore qu'une absence complète de motif.

Il est celui-ci :

La Compagnie du Nord doit construire dans un certain délai une ligne d'Arras à Étaples avec embranchement sur Abbeville. — Elle a promis d'abréger ces délais, si la concession de la ligne de Cambrai à Orchies lui était accordée.

Ainsi la Compagnie du Nord dit à la Chambre de Commerce d'Abbeville :

Si j'obtiens dans un département voisin une ligne de chemin de fer à laquelle vous êtes complétement étrangers, mais qui m'est agréable, je m'engage à faire plus rapidement, dans votre département, la ligne qui vous intéresse.

Et voilà comment la Chambre de commerce d'Abbeville, qu'on ne s'attendait guère à voir dans cette affaire, a cru opportun de prendre la délibération ci-dessus rappelée.

La Chambre de commerce de Douai, sans s'arrêter à protester contre une semblable intrusion et contre un si étrange système de compensation, sans faire remarquer les singuliers moyens auxquels la Compagnie du Nord a recours pour déposséder ses concurrents, doit cependant se prononcer contre les conclusions de la délibération de la Chambre de commerce d'Abbeville.

A cet égard, elle n'a pas à prendre parti pour le Conseil général du Nord, dont la signature doit être respectée, ni à défendre les intérêts de la Compagnie de Picardie et Flandres contre ce qui serait un véritable déni de justice.

Mais, se plaçant au point de vue étroit des intérêts de son arrondissemennt, elle doit réclamer le maintien aux mains qui la détiennent de la concession du chemin de fer de Cambrai à Orchies.

En effet, notre arrondissement veut son chemin de fer, il le veut promptement.

Le moyen de l'obtenir, c'est de le concéder à la Compagnie de Picardie et Flandres. Le donner à la Compagnie du Nord, ce serait le moyen de ne l'avoir jamais. Nous en avons pour garant ce qui se passe pour d'autres concessions qui attendent depuis des années le premier coup de pioche. Nous en avons pour garants les intérêts respectifs de ces deux Compagnies.

L'intérêt de la Compagnie de Picardie et Flandres est de construire la ligne qu'elle a demandée dans ce but, qu'elle peut exploiter fructueusement et qui, de plus, doit mettre en valeur le tronçon déjà construit.

L'intérêt de la Compagnie du Nord est de ne pas construire la ligne qu'elle ne demande pour elle qu'afin qu'elle ne soit pas construite par une autre Compagnie.

Si la Compagnie de Picardie et Flandres est maintenue dans sa concession nous aurons nôtre ligne en deux ans, si la Compagnie du Nord lui est substituée nous ne l'aurons jamais.

Car c'est dans l'intérêt même des Compagnies, en l'absence de tout moyen coërcitif, que réside réellement la garantie de l'exécution.

La convention projetée entre la Compagnie du Nord et le Ministre des Travaux publics à laquelle le Gouvernement a substitué celle qu'il a signé avec la Compagnie de Picardie et Flandres ne parle pas des embranchements de Somain, Aniche et Abscon. On prétend qu'un contre-projet doit être déposé par les députés du Pas-de-Calais, mais jusqu'à présent la Compagnie du Nord s'est bornée à réclamer les lignes de Douai à Cambrai et de Cambrai à la frontière.

Il y a dans ce fait un élément considérable de protestation pour la Chambre de commerce de Douai.

Le bassin houiller de Douai et d'Aniche est destiné à fournir l'alimentation des cinquante-deux usines qui se trouvent sur le parcours de la ligne de Picardie et Flandres, de Cambrai à Saint-Just, en même temps qu'à pourvoir aux besoins de la consommation privée ; en partant de Douai, d'Aniche, de Somain, la Compagnie portera directement ses charbons à la consommation sans augmenter le prix de son trafic des droits de passage sur une autre ligne, et aussi des frais très-élevés de la gare commune ; au lieu de régler son service suivant les besoins de son exploitation elle devrait, si la Compagnie du Nord triomphait, le subordonner aux convenances de service de la Compagnie du Nord.

Dans la crise houillère que nous venons de traverser, l'insuffisance des moyens de transport a porté un grand préjudice à l'industrie de la houille, et a donné lieu, dans le bassin d'Aniche, à des plaintes légitimes. En ratifiant, en faveur de la Compagnie de Picardie et Flandres, les concessions qui lui ont été faites par le département, on n'exposera plus ces centres industriels à de cruels mécomptes.

Qu'il importe, au contraire, que la concession soit définitivement accordée à la Compagnie de Picardie et Flandres, dont le tracé comporte l'établissement dans la ville de Cambrai, d'une gare indépendante beaucoup plus rapprochée du centre que la gare de la Compagnie du Nord, et la construction à Aubigny-au-Bac d'un embranchement sur Somain et Abscon, destiné à faciliter et abréger le transport des houilles vers Cambrai et au delà ;

Considérant que les motifs qui ont déterminé le gouvernement à accorder la préférence à la Compagnie de Picardie et Flandres sont déduits dans l'exposé qui accompagne le projet de loi déposé à l'Assemblée nationale par M. le Ministre des Travaux publics, le 27 janvier 1874, *Journal officiel* du 9 février, et que ces motifs n'ont rien perdu de leur valeur ;

Qu'ils s'appuient principalement sur les délibérations du Conseil général du département du Nord ;

Émet le vœu :

Que la concession du chemin de fer de Cambrai à Douai et Orchies soit définitivement accordée à la Compagnie de Picardie et Flandres, ainsi que cela est proposé par le projet de loi ci-dessus visé.

Délibéré à Lille, en séance, le 27 février 1874.

LA CHAMBRE DE COMMERCE DE LILLE,

Vu le projet de loi présenté par le gouvernement à l'Assemblée nationale pour la concession à la Compagnie de Picardie et Flandres des chemins de fer :

1° De Cambrai à Douai ;

2° D'Aubigny-au-Bac à Somain, avec embranchement sur Abscon ;

3° De Douai à Orchies ;

Vu les considérations prises les 24 et 25 février 1874 par la Chambre consultative des Arts et Manufactures de Cambrai et le Conseil municipal de cette ville ;

Considérant qu'il résulte de ces deux délibérations que la Chambre de commerce d'Abbeville demande que le chemin de Cambrai à Douai et Orchies soit concédé à la Compagnie du chemin de fer du Nord qui, en considération de cette concession, prendrait l'engagement d'abréger les délais de la concession de la ligne d'Arras à Etaples avec embranchement sur Abbeville ;

Qu'on n'aperçoit pas en quoi cette modification, sollicitée dans l'intérêt de certaines localités des départements du Pas-de-Calais et de la Somme, pourrait profiter au département du Nord, et spécialement à l'arrondissement de Cambrai, qui fait partie de la circonscription de la Chambre de commerce de Lille ;

C'est au nom de la production et de la consommation que la Chambre de Commerce doit insister pour maintenir les droits de la Compagnie. L'abréviation du parcours entre Douai et Cambrai, au point de vue des voyageurs, est aussi d'une grande importance, les avantages en sont d'autant plus appréciables pour les deux villes que la gare actuelle se trouve à 1,600 mètres de Cambrai et que celle qui est projetée, d'accord entre les villes et les Compagnies sera établie à côté de la porte principale, sur les glacis.

CONCLUSION

J'ai l'honneur de proposer à la Chambre de Commerce de Douai d'adresser à M. le président de la Commission des chemins de fer une protestation contre la demande formulée par la délibération de la Chambre de Commerce d'Abbeville.

Signé : Alfred BILLET, rapporteur.

Ces conclusions sont adoptées.

EXTRAIT

d'une délibération du Conseil municipal de Cambrai,

du 24 février 1874.

M. LE MAIRE. — Messieurs, je viens vous entretenir du chemin de fer projeté de Cambrai à Douai et Orchies.

La concession de cette voie est, vous le savez, sollicitée par la Compagnie de Picardie et Flandres, qui s'engage, non-seulement à établir, à Cambrai, une gare indépendante et très-rapprochée de la ville, ce qui est très-important à notre cité, mais encore à raccourcir le parcours du transport des charbons à destination de Cambrai et au delà, par un embranchement d'Aubigny-au-Bac sur Somain et Abscon.

En raison des avantages incontestables offerts par cette Compagnie, le Conseil général du département du Nord n'a pas hésité à appuyer formellement sa demande, et c'était justice. Mais il paraît que, tout récemment, la Chambre de commerce d'Abbeville a pris une délibération pour demander que cette ligne soit concédée à la Compagnie du Nord qui promettait alors d'abréger les délais qu'on lui accorde pour la construction du chemin d'Arras à Étaples, avec embranchement sur Abbeville.

Comme assurément, il vous paraîtra peu équitable de faire payer, à notre département, les avantages offerts à ceux de la Somme et du Pas-de-Calais, je vous propose, Messieurs, d'émettre un avis conforme à nos intérêts.

LE CONSEIL, reconnaissant le bien fondé des observations qui viennent de lui être soumises, s'associe pleinement au vœu exprimé par le Conseil général du département du Nord et demande instamment que le chemin de fer de Cambrai à Douai et Orchies, avec embranchement d'Aubigny-au-Bac sur Somain et Abscon soit concédé à la Compagnie de Picardie et Flandres.

LETTRE

DE MM. LES MEMBRES DE LA CHAMBRE DE COMMERCE
D'AMIENS

à MM. les Membres de l'Assemblée nationale ; à MM. les Conseillers généraux des départements du Nord, du Pas-de-Calais, de Seine-et-Oise, de l'Oise, de l'Aisne, de la Seine-Inférieure et de la Somme.

Le 14 Janvier 1869, le Conseil général de la Somme a concédé, à titre d'intérêt local, à la Compagnie de Picardie et Flandres, sur le parcours de Cambrai à Gannes, 75 kilomètres situés dans le département de la Somme. Cette concession a été accordée avec une subvention de 67,000 francs par kilomètre ; mais il a été en même temps stipulé que lorsque la recette brute dépasserait 14,000 francs par kilomètre, le département de la Somme prélèverait le quart de l'excédent de la recette brute, pendant les quatre-vingt-dix-neuf années de la concession. Depuis lors, la Compagnie de Picardie et Flandres a demandé au département du Nord, la concession complémentaire des chemins de :

Cambrai à Douai ;
Aubigny-au-Bac à Somain, avec embranchement sur Abscon ;
Douai à Orchies, sur la ligne de Lille à Valenciennes.

Le Conseil général du Nord, dans l'une de ses dernières sessions, les lui a concédés sans subvention ni garantie d'intérêts.

La Compagnie du Nord, qui avait naguère refusé au Conseil général du Nord de se porter demandeur en concessions de ces chemins, a changé d'avis depuis lors, et lorsqu'elle a vu que la Compagnie de Picardie et Flandres les avait acceptés, avec d'autres encore, à titre d'intérêt local, elle est venu demander directement au gouvernement, à titre d'intérêt général, les trois chemins sus énoncés, comme les plus importants des nouveaux réseaux ; mais elle a laissé dans l'ombre les autres chemins d'intérêt local, concédés en même temps.

Au mois de septembre 1873, M. Desseilligny, alors Ministre des Travaux publics, signa avec la Compagnie du Nord, une convention dans ce sens, et malgré la concession antérieure faite à la Compagnie de Picardie et Flandres par le Conseil général du Nord, il consentit à distraire, du réseau d'ensemble du département du Nord, les trois chemins en question, pour en proposer la concession définitive, et à titre d'intérêt général, à la Compagnie du Nord.

Le Conseil général du Nord s'en émut, une députation vint à Versailles, et alla trouver le Ministre des Travaux publics, en compagnie de tous les Députés du Nord, pour protester contre cette concession tardive.

Le Gouvernement, saisi de la question, l'étudia alors ; le Conseil des Ministres, contrairement à l'avis antérieur de M. Desseilligny, conclut en faveur de la Compagnie de Picardie et Flandres, et il chargea le Ministre des Travaux publics de présenter, à la sanction de l'Assemblée nationale, un projet de loi dans ce sens.

En conséquence, le 27 janvier 1874, le Gouvernement, par l'organe de M. de Larcy, Ministre des Travaux publics, a soumis à la sanction de l'Assemblée nationale un projet de loi concédant définitivement à la Compagnie de Picardie et Flandres, mais à titre d'intérêt général, les trois lignes qui lui avaient été concédées à titre d'intérêt local, par le Conseil général du Nord.

Depuis lors, une très-ardente controverse s'est établie. La Compagnie du Nord a trouvé de très-chauds partisans dans la presse ; et, fait beaucoup plus grave, un grand nombre de Députés des départements du Pas-de-Calais, de Seine-et-Oise et de la Somme, sont venus protester contre ce projet de loi, près de M. le Ministre des Travaux publics; ils lui ont demandé le retrait du projet de concession à la Compagnie de Picardie et Flandres, et son remplacement par un autre projet de loi concédant les mêmes chemins à la Compagnie du Nord, à titre d'intérêt général.

Les Députés de la Somme qui ont cru devoir signer, ont été entraînés à cette démarche par la conviction où ils étaient, que l'intérêt du département de la Somme était engagé dans la question, ce qui est vrai, et que la concession à la Compagnie du Nord présentait de tels avantages pour notre département, qu'ils ne devaient pas hésiter devant une démarche d'une telle gravité.

La chambre de commerce d'Amiens croit le contraire, et elle pense que la religion de ces Députés a été trompée. Aussi, vient-elle remplir son devoir, en exposant en peu de mots l'intérêt général de toute sa circonscription au point de vue financier, et l'intérêt particulier de deux de ses arrondissements, ceux de Péronne et de Montdidier, au point de vue d'une bonne exploitation, le tout reposant sur le succès et sur la prospérité de la Compagnie de Picardie et Flandres.

Enfin, la Chambre de Commerce est d'avis que l'Etat est intéressé au succès des démarches de la Compagnie de Picardie et Flandres, et que ce ne serait pas faire acte de bonne et sage administration, que de concéder sur tout les points du territoire français à des Compagnies naissantes, des chemins de fer d'intérêt local, pour enlever ensuite à ces mêmes Compagnies locales les moyens de prospérer, de vivre peut-être, en distrayant au profit de leurs puissantes rivales, les grandes Compagnies de chemin de fer, ceux des tracés qu'il plairait à ces dernières de réclamer, pour jeter le trouble et la désorganisation dans les Compagnies d'intérêt local.

D'ailleurs, n'a-t-on pas en ce moment la preuve de ce qui vient d'être dit, par la situation presque désespérée dans laquelle un vote récent du Conseil général de la Somme concédant à la Compagnie du Nord le chemin d'Abbeville à Eu, pour faire suite au chemin de Béthune à Abbeville, a jeté la Compagnie de Frévent-Gamachesa Et les conventions projetées entre cette Compagnie et la Compagnie du Nord ne viennent-elles pas justifier toutes les appréhensions de la Chambre de Commerc? d'Amiens? La Compagnie du Nord qui refusait naguère toutes les concessions nouvelles, même avec des subventions considérables, n'a demandé le chemin d'Eu à Abbeville, que pour écraser la Compagnie de Frévent-Gamaches, et elle ne demande aujourd'hui la concession des trois lignes concédées à la Compagnie de Picardie et Flandres, que pour écraser cette dernière à son tour. Il faut que la lumière se fasse, et que nos Députés soient bien édifiés sur tous les points avant d'émettre leur vote consciencieux. La Compagnie de Picardie et Flandres, en possession de la ligne de Gannes et de Saint-Just à Cambrai, a demandé des chemins complémentaires dans le Nord, pour donner à son trafic général toute l'activité nécessaire. Après le refus de la Compagnie du Nord, elle est allée, par ses nouveaux projets de tracés, jusque sur les lieux de production, pour y prendre toutes les marchandises destinées à Paris, à l'Oise, à la Seine-Inférieure et aux départements de l'Ouest.

Si elle restait limitée à sa concession première, elle se trouverait enfermée dans le réseau de la Compagnie du Nord, à ses deux extrémités nord-est et sud-ouest, et elle pourrait à peine faire ses frais.

En effet, la Compagnie du Nord, au lieu de lui remettre tous les transports qui naturellement, et pour suivre la ligne la plus courte, devraient prendre la voie de Picardie et Flandres, pourrait, par des tarifs de détournement et au moyen de sacrifices temporaires, diriger tous ses transports sur ses propres lignes, en les faisant circuler gratis sur l'excédant considérable des kilomètres à parcourir.

Et comme l'Etat est partie prenante dans les bénéfices des grandes Compagnies, aussi bien qu'il intervient dans les pertes par ses subventions et ses garanties d'intérêt aux taux de 4 fr. 65 par an, il en résulterait que les grandes Compagnies de chemins de fer, en faisant la guerre aux petites Compagnies, à leur profit personnel, mais aux dépens de l'Etat, les écraseraient toutes successivement.

Est-ce bien là ce qu'ont voulu nos Législateurs? Et la loi de 1865 n'a-t-elle eu pour but, en appelant les capitaux locaux dans des entreprises qui devaient faire obstacle au mauvais vouloir et stimuler le zèle des grandes Compagnies de chemins de fer, que de les livrer bientôt désarmées à ces dernières ?

Est-ce que toutes ces ruines successives et certaines, si on fait droit aux prétentions des grandes Compagnies, sont possibles ?

Est-ce que l'intérêt général ne dit pas précisément le contraire ?

Est-ce que le crédit de l'Etat, enfin, ne peut pas se trouver atteint et compromis par la ruine successive des petites Compagnies, par la stagnation du mouvement dans les grandes Compagnies et par le ralentissement obligé de leurs progrès ?

La Chambre de commerce croit qu'il aura suffi d'émettre toutes ces questions pour les résoudre comme elle ; aussi, après avoir parlé au nom des intérêts généraux du pays, se bornera-t-elle à appeler votre attention sur certains points spéciaux.

Le département de la Somme en échange des quinze millions de francs qu'il a dû inscrire à son budget pour solder les subventions de ces deux Compagnies d'intérêt local, a stipulé qu'au-dessus d'une recette brute kilométrique de 14,000 francs, il aurait droit au quart de l'excédant de la recette.

Cette situation est compromise quant à la Compagnie de Frévent-Gamaches, mais elle est restée intacte quant à la Compagnie de Picardie et Flandres.

Or, lorsque cette dernière sera en possession des trois chemins complémentaires qu'elle a sollicités et obtenus du Conseil général du Nord, on peut, sans exagération, espérer que ses recettes brutes kilométriques s'élèveront de vingt-cinq à trente mille francs annuellement.

En prenant la moyenne, soit *trente mille francs*, on arrive à cette conclusion véritablement consolante pour les finances du département de la Somme, c'est que, pendant quatre-vingt-dix-neuf ans, celui-ci aura droit au quart de seize mille francs reçus en excédant des quatorze mille francs stipulés dans la convention, soit quatre mille francs, et que comme ces quatre mille francs devront être multipliés par les soixante-quinze kilomètres situés dans le département de la Somme, celui-ci recevra pendant quatre-vingt-dix-neuf ans *trois cent mille francs par an ! ! !*

Il est vrai de dire que la Compagnie du Nord offre à l'État le partage par moitié des bénéfices ci-dessus d'*une recette nette* de treize mille francs. Mais il ne faut pas oublier que la Compagnie du Nord exploite à un prix très-élevé, et que, dans les comptes qu'elle remet chaque année, elle estime ses frais d'exploitation à soixante pour cent de la recette brute.

Que si des trente mille francs prévus plus haut, elle déduit soixante pour cent, soit dix-huit mille francs, il restera une recette nette de douze mille francs, qui resteront sa propriété exclusive, puisque, par l'article 3 de la convention du 11 septembre 1873, il est dit que lorsque les produits nets de l'*ensemble* des quatre lignes stipulées dans ladite convention, excéderont un revenu net moyen de treize mille francs, l'excédant sera partagé par moitié entre l'État et la Compagnie.

La Chambre reste convaincue que la construction de la ligne d'Abbeville au Tréport, par la Compagnie du Nord, n'est pas à désirer ; que mieux vaudrait, dans l'intérêt du département, que cette ligne, passant par Saint-Valery et le Vimeu, fût faite par la Compagnie de Frévent-Gamaches qui l'a demandée ; et que, dans l'intérêt général, mieux vaudrait que la Compagnie du Nord adoptât le tracé direct et si avantageux pour elle d'Abbeville à Buchy ou à Martainneville par Poix.

La Chambre est persuadée que la Compagnie du Nord est trop intéressée à terminer, dans les délais imposés par le cahier des charges, la construction des chemins d'Arras à Etaples et de Béthune à Abbeville, pour ne pas se hâter de faire spontanément l'avance des capitaux nécessaires pour l'achèvement de tous les travaux.

Ces travaux d'ailleurs doivent être complétement terminés à la fin de 1877, et la Compagnie du Nord n'a plus un seul instant à perdre pour être en mesure dans les délais prescrits.

Par tous ces motifs :

La Chambre de Commerce d'Amiens, après en avoir longuement délibéré dans plusieurs de ses séances ;

Considérant que l'intérêt général, aussi bien que les intérêts particuliers des départements traversés, sont ici d'accord ;

Considérant que l'intérêt de l'Etat, des grandes Compagnies de chemins de fer, et des Compagnies d'intérêt local, sont, dans une certaine mesure, subordonnés les uns aux autres, et qu'ils sont par ce fait solidaires ;

Considérant, en outre, qu'en présence de la démarche faite par un grand nombre de Députés du Pas-de-Calais, de Seine-et-Oise et *du département de la Somme*, il est de son devoir de faire connaître son opinion, et de rétablir les faits dans toute leur vérité, pour en déduire ensuite les conséquences probables, aussi bien au point de vue de l'intérêt général qu'au point de vue des intérêts départementaux ;

Considérant enfin que la concession du chemin d'Abbeville au Tréport faite par le Conseil général de la Somme à la Compagnie du Nord, à titre d'intérêt local, se trouve maintenant mise en question par cette dernière elle-même, puisqu'elle en subordonne la construction à l'obtention des autres lignes déjà concédées à la Compagnie de Picardie et Flandres par le Conseil général du Nord ;

Qu'ainsi il devient possible au Conseil général de la Somme de modifier sa délibération, et d'accorder à la Compagnie de Frévent-Gamaches la ligne d'Abbeville au Tréport que cette Compagnie avait sollicitée à titre d'intérêt local, avec un tracé partant de Saint-Valery pour se diriger sur Eu, par Cayeux et Friville-Escarbotin ;

Par ces motifs :

La Chambre de Commerce d'Amiens est d'avis qu'il y a lieu de maintenir à la Compagnie de Picardie et Flandres, mais au titre d'intérêt général, la concession des lignes :

de Cambrai à Douai ;

d'Aubigny-au-Bac à Somain, avec embranchement sur Abscon ;

de Douai à Orchies ;

que cette Compagnie a obtenues déjà, mais au titre d'intérêt local, du Conseil général du département du Nord.

Recevez, Messieurs, l'assurance de ma considération la plus distinguée.

Vulfran MOLLET, *président.*
Ch. LABBÉ, *vice-président.*
Ed. FLEURY, *trésorier.*
A. DUFLOS, *secrétaire.*
COSSERAT père.
Narcisse PONCHE.
Adéodat LEFÈVRE.
ROGER.
Louis DEWAILLY.
Jules DEHESDIN.
Eug. GALLET.
DE VIENNE (de MONTDIDIER).

2323.74. — BOULOGNE (SEINE). — IMPRIMERIE JULES BOYER ET Cᶦᵉ. — ADMINISTRATION : 11, RUE NEUVE-SAINT-AUGUSTIN, A PARIS

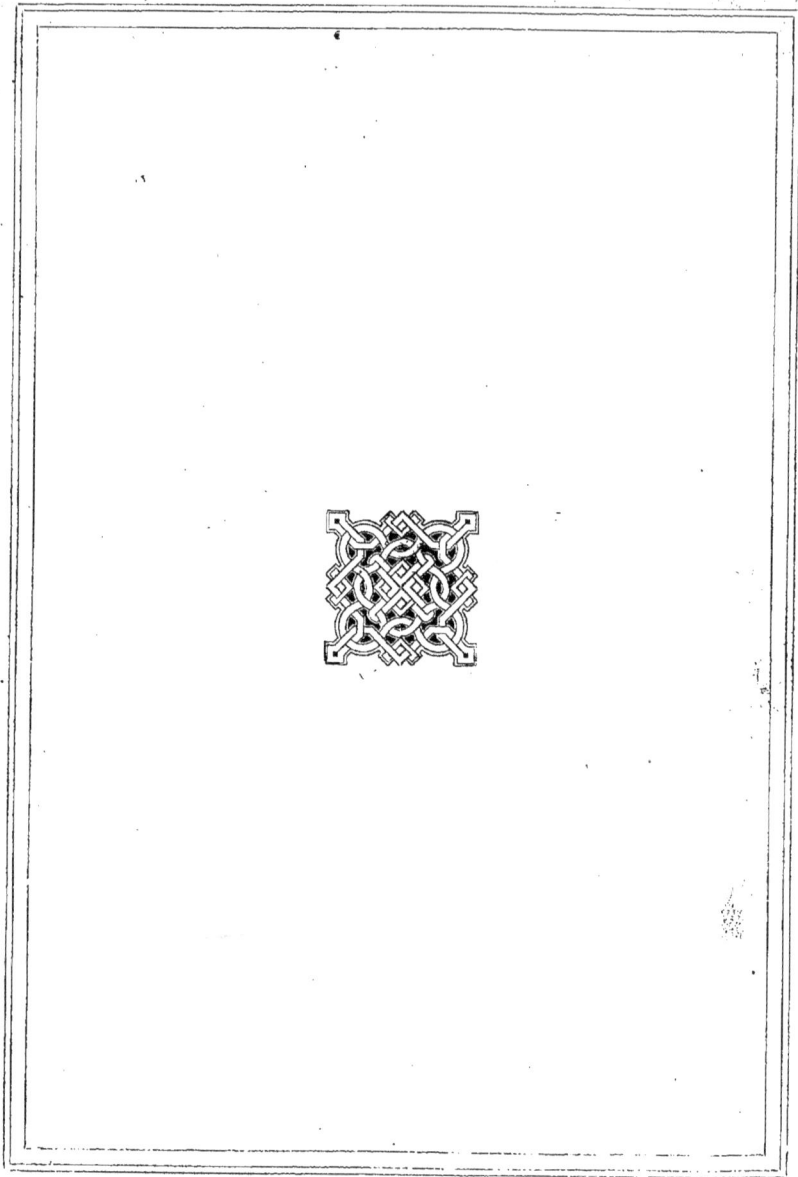

2324.74. — Boulogne (Seine.) — Imprimerie JULES BOYER et Cⁱᵉ.